Die Insel Wörth im Staffelsee

Führer zu archäologischen
Denkmälern in Bayern
Oberbayern, Band 2

Brigitte Haas-Gebhard

Die Insel Wörth im Staffelsee

Römische Befestigung
Frühmittelalterliches Kloster
Pfarrkirche

Herausgegeben von der Archäologischen
Staatssammlung München – Museum für Vor- und
Frühgeschichte – und dem Bayerischen Landesamt
für Denkmalpflege
in Verbindung mit dem Kuratorium zur Förderung
der Klostergrabung auf der Insel Wörth im
Staffelsee e.V.

Die Deutsche Bibliothek – CIP-Einheitsaufnahme

Ein Titeldatensatz für diese Publikation ist bei
Der Deutschen Bibliothek erhältlich.

Umschlaggestaltung: Finken & Bumiller, Stuttgart,
unter Verwendung einer Aufnahme von
Brigitte Haas-Gebhard

Gestaltung: Finken & Bumiller, Stuttgart
Druck: Druckhaus Beltz, Hemsbach
ISBN 3-8062-1524-3

»...es ist der schönste Platz am nördlichen
Rand der bayerischen Alpen...«
Ödön von Horváth

Inhalt

Vorwort

Die in den Schriftquellen nur vage faßbare Lokalisierung des legendenumwobenen frühmittelalterlichen Klosters auf der Insel Wörth im Staffelsee und die landesgeschichtliche Aufhellung dieses eng mit der überlieferten Existenz eines bairischen, nur kurzzeitig bestehenden Bistums Neuburg/Staffelsee verbundenen Sitzes bzw. zeitweiligen Aufenthaltsortes Bischof Simperts – jenes »Heiligen zwischen Legende und Geschichte«, der zur Zeit Karls des Großen den Augsburger Bischofsstuhl innehatte – haben die historische Forschung schon seit langem beschäftigt. Eine Klärung der vielen noch offenen Fragen über Alter, Struktur und Baugeschichte der auf dem Kirchenhügel der Wörth aufgrund schriftlicher Quellen des 18. Jahrhunderts vermuteten kirchlich-klösterlichen Anlagen konnte indessen, wie eine erste Sondage durch die Prähistorische Staatssammlung im Jahr 1985 zeitigte, nur von der archäologischen Forschung erwartet werden. So fand sich durch kooperatives Denken aller Beteiligten bald ein Weg zur planmäßigen Durchführung archäologischer Untersuchungen, die von der Prähistorischen Staatssammlung im Rahmen ihrer schwerpunktmäßig betriebenen Feldforschungen zur frühmittelalterlichen Klosterlandschaft Bayerns in den Jahren 1992–1997 auf Initiative des »Kuratoriums zur Förderung der Klostergrabung auf der Insel Wörth i. Staffelsee e.V.« durchgeführt wurde.

Die Schirmherrschaft über das Kuratorium, dessen örtliche Mitglieder unter ihren Vorsitzenden G. Bosch und C. Heß die Ausgrabungen durch ihren engagierten Einsatz ermöglichten (Pfarrer G. Matzke, Graf Armannsperg, J. Bischl, J. Borchardt, S. Eichberger, W. Emmerz, S. Hirschberger, J. Marass, Dr. M. Trauner), hatte 1989 der Bayerische Ministerpräsident a.D. Dr. h.c. Max Streibl † übernommen. Bei der Durchführung der Grabungen, die unter der örtlichen Leitung von Dr. Brigitte Haas-Gebhard (1992–1995), Dr. Barbara Wührer (1996) und Marcus Simm M.A. (1997) standen und u. a. von Dr. Walter Bachran, Alex Beusker und Dr. Rupert Gebhard – der obendrein drei instruktive Aquarelle zur Illustrierung dieses Buches beisteuerte – mit Rat und Tat unterstützt wurden, erfuhr das Kuratorium vielfältige finanzielle, personelle und verwaltungstechnische Hilfe durch zahlreiche Sponsoren und Förderer: die Bayerische Landesstiftung, die Prähistorische Staatssammlung München – die seit kurzem den neuen Namen »Archäologische Staatssammlung – Museum für Vor- und Frühgeschichte« führt –, Dr. Viktor Josef Dammertz / Bischof von Augsburg, Erzbischof Dr. Josef Stimpfle † / emeritierter Bischof von Augsburg, Dr. Helmut Fischer / Landrat des Landkreises Garmisch-Partenkirchen, Freiherr von Crailsheim / Präsident der Bayerischen Verwaltung der staatlichen Schlösser, Gärten und Seen i.R., die Gemeinde und Pfarrgemeinde Seehausen sowie den LIONS-Club Murnau-Staffelsee. Ihnen allen gilt unser herzlicher Dank. Mein besonderer Dank gebührt jedoch meinem Amtsvorgänger, Herrn Ltd. Sammlungsdirektor a.D. Dr. Hermann Dannheimer, in dessen Amtszeit beschlossen und begonnen wurde, was nach seiner Pensionierung in drei weiteren Grabungskampagnen fortgesetzt und zu einem guten Abschluß gebracht wurde.

Den Besuchern der an Natur- und Geschichtsdenkmälern so reichen Staffelseeregion und des im Entstehen begriffenen Heimatmuseums Seehausen müßten indes wesentliche Einsichten über das nun eindeutig nachgewiesene Inselkloster, seine bemerkenswerten, neu ermittelten Vorgängeranlagen und die nicht minder beachtenswerten, bei den Ausgrabungen ebenfalls zutage getretenen Zeugnisse bayerischer Volksfrömmigkeit der Barockzeit oftmals verborgen bleiben; fehlte es doch bisher sowohl an einer übersichtlichen, allgemein verständlichen Gesamtdarstellung der in verschiedenen Einzelveröffentlichungen verstreuten Forschungsergebnisse als auch an einer sachkundigen Beschreibung und Erläuterung der überkommenen Geschichtszeugnisse. Diese Lücke will der neue, als Band 2 der Reihe »Oberbayern« erschienene »Führer zu archäologischen Denkmälern in Bayern« schließen. Konservatorin Dr. Brigitte Haas-Gebhard, als Leiterin der Grabungen auf der Insel Wörth die geeignete Autorin für einen solchen Führer, zeichnet darin erstmals ein detailliertes Bild der vor- und frühgeschichtlichen bis frühneuzeitlichen Besiedlung der Insel mit ihren landesgeschichtlichen Aspekten nach dem aktuellen Forschungsstand. Ich wünsche diesem Buch, das nicht zuletzt zum Verständnis für die Werte unserer schutzbedürftigen archäologischen Kulturdenkmäler beitragen soll, gute Aufnahme und weite Verbreitung.

München, im März 2000
Ludwig Wamser

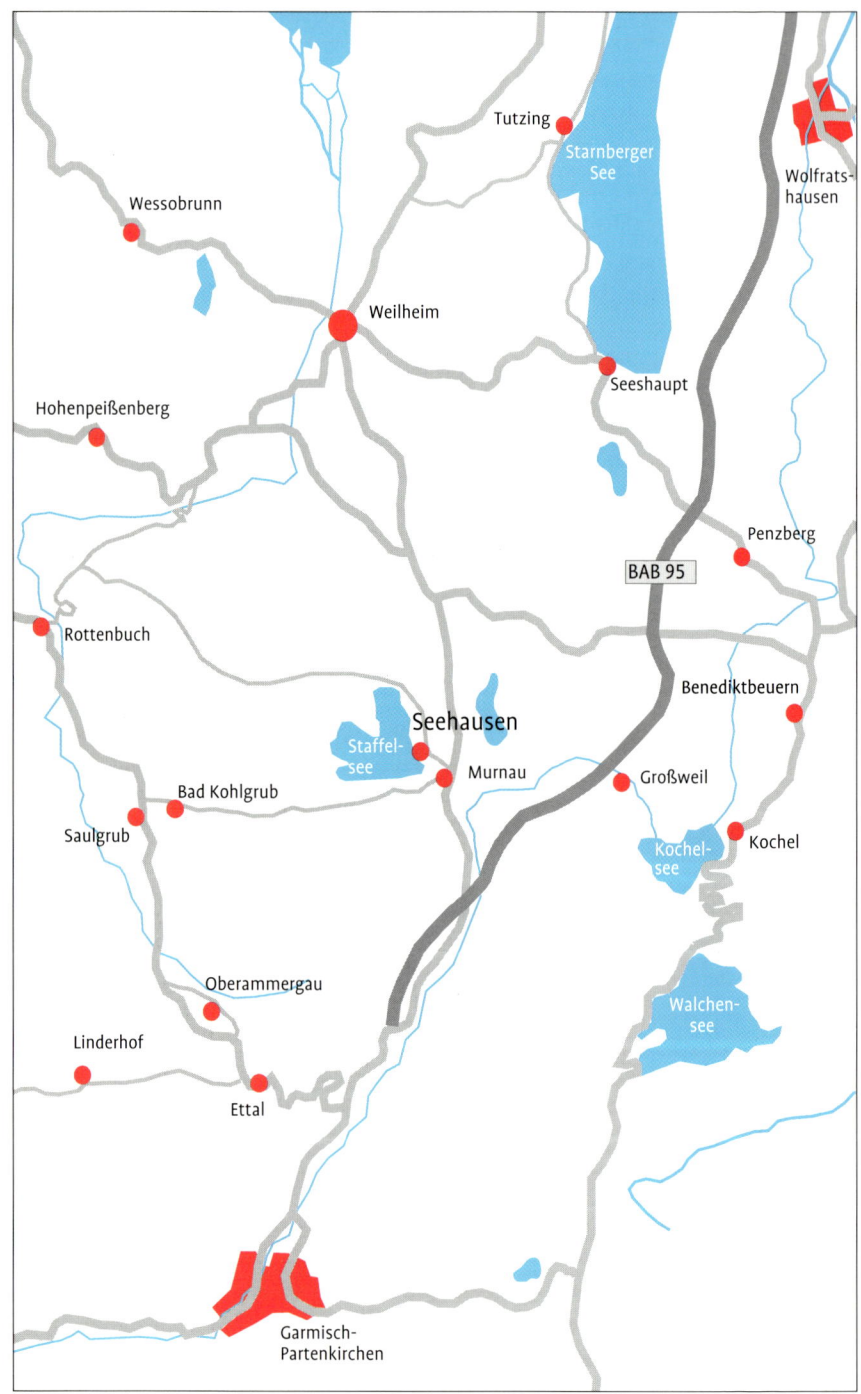

Tutzing

Starnberger
See

Wessobrunn

Wolfrats-
hausen

Weilheim

Seeshaupt

Hohenpeißenberg

Penzberg

BAB 95

Rottenbuch

Benediktbeuern

Seehausen

Staffel-
see

Murnau

Großweil

Bad Kohlgrub

Saulgrub

Kochel-
see

Kochel

Oberammergau

Walchen-
see

Linderhof

Ettal

Garmisch-
Partenkirchen

1.
Rund um den Staffelsee

Im unmittelbaren Vorfeld der bayerischen Alpen liegt in einer überaus reizvollen Landschaft der Staffelsee (Lkr. Garmisch-Partenkirchen). Im Gegensatz zu anderen oberbayerischen Seen ist der Staffelsee noch weitgehend frei zugänglich, ein Rundweg von ca. 20 km Länge erschließt den ganzen See für Wanderer. Der Westteil des Sees ist Naturschutzgebiet und darf mit Booten nicht befahren werden, zudem ist dort das Betreten einiger Uferbereiche verboten. Sieben Inseln in einer Größe von 0,001 ha (St. Jakob)– 36,52 ha (Wörth) tragen zum besonderen Reiz des Sees bei, eine der Inseln (Buchau) beherbergt in den Sommermonaten einen Campingbetrieb. Die geringe mittlere Wassertiefe von 10 m (zwischen Halbinsel Burg und Wörth 3–5 m) macht den Staffelsee zu einem der wärmsten Badeseen Oberbayerns. In kalten Wintern ist der See häufig großflächig von einer Eisdecke bedeckt, die – bei aller gebotenen Vorsicht – manchmal sogar einen Spaziergang zur Insel Wörth erlaubt!

Geologie
Die Gegend um den Staffelsee ist eine abwechslungsreiche Landschaft, die am Ende der Eiszeiten entstanden ist. Sie lebt von dem Gegensatz zwischen dem alpinen Hochgebirge im Süden und den weiten flachen Landschaften im Norden, die durch Seen und Moore wie das Murnauer Moos charakterisiert sind. Der Staffelsee selbst ist durch die Ausformung von Molassemulden entstanden.

Molasse ist ein geologischer und landschaftlich gebrauchter Begriff, den man von dem lateinischen Wort *molare* = mahlen ableitet, da früher die Mühlsteine aus harten Molasse-Sandsteinen hergestellt wurden. Die Entstehung der Molasse ist unmittelbar mit der Entstehung der Alpen verbunden. Durch das Aufsteigen der Alpen als Gebirge entstanden vor ca. 35 Mio. Jahren tiefe Meeresbecken südlich (Po-Ebene) und nördlich (zwischen Alpenrand und Donau) der Alpen. Das nördliche Becken wurde vom Meer überflutet, es lagerten sich Sand, Mergel und Tonschlamm ab, die später zu Gestein verfestigt wurden. Flüsse aus den noch jungen Alpen lagerten Sand und Kies in großen Deltamündungen an der Küste des Molassemeeres ab. Aus dem Sand wurde Sandstein, aus dem Kies Konglomerate, die man im Alpenraum auch mit dem schweizerischen Wort »Nagelfluh« bezeichnet. Nach der ersten Verlandung sank das

Molassebecken erneut ab, wurde wieder vom Meer überflutet und verlandete ein weiteres Mal. So entstanden im Laufe von etwa 10 Millionen Jahren bis zu fast 6000 m mächtige Gesteinsschichten.

Durch Vorgänge in Zusammenhang mit der Alpenfaltung wurden die ehemals horizontalen Schichten der Molasse in große Falten gelegt, so daß die Gesteinsschichten fast senkrecht gestellt wurden. Die unterschiedlichen Gesteine der Molasse leisteten und leisten der Abtragung durch Wind, Sand und Gletscher unterschiedlichen Widerstand. Die Gletscher der Eiszeiten vor 2,5 Mio–10 000 Jahren schürften weiche Gesteine der Molasse so weit ab, daß der Staffelsee und der benachbart gelegene Riegsee entstehen konnten. Eine Molassegesteinsschicht, die durch die Faltung fast senkrecht gestellt wurde, riegelt den See auf der gesamten Südseite gegen das Murnauer Moos hin ab. Parallel zu diesem Bergriegel verläuft eine weitere ähnliche, jedoch etwas niedrigere Hügelkette aus Konglomerat bzw. Nagelfluh in W-O-Richtung durch den See, deren Spitzen die Inseln Große Birke (2,36 ha), Kleine Birke (0,17 ha), Hauptinsel Wörth (36,52 ha), St Jakob (0,001 ha) bzw. die Halbinsel Burg bilden.

Große Pläne

Die zahlreichen Reize der Staffelseelandschaft ziehen und zogen zu allen Zeiten Urlauber, Sommerfrischler und Menschen, die für immer bleiben wollen, an. Auch Bayerns Märchenkönig Ludwig II. hielt sich gerne im Umland des Staffelsees auf. Murnau gedenkt seiner mit einem Ludwig II.-Denkmal, im unweit gelegenen Graswangertal liegt das sicher »wohnlichste« Schloß des legendenumwobenen Königs, Linderhof. Pläne existierten auch für ein Märchenschloß auf der Staffelsee-Insel Wörth, die allerdings indirekt von einem Konsortium württembergischer Holzhändler zunichte gemacht wurden. Diese hatten sich 1872 in den Besitz der Herreninsel im Chiemsee gesetzt und drohten, sie vollständig abzuholzen. Um den Baumbestand zu retten, kaufte Ludwig II. die Insel im sonst selten von ihm aufgesuchten Chiemgau und ließ dort von 1878–1885 sein Versailles-Imitat Schloß Herrenchiemsee errichten – zum Segen oder Fluch des Staffelsees.

Auch der Vater Ludwigs II. hielt sich gerne am Staffelsee auf. In der Autobiographie des bekannten Erzgießers Ferdinand von Miller, der seine Jugend teilweise auf der Insel Wörth verbrachte, wird geschildert, daß der bayerische König Max II. Joseph (1811–1864) und Königin Maria glückliche Stunden im Schatten der Bonifatiuslinde auf der Insel verbrachten. Ein besonderer Zufall wollte es, daß in der Grabungskampagne 1995 eine Münze geborgen wurde, die unter seiner Herrschaft geprägt worden war. Freilich wird sie kaum dem König selbst aus der Hosentasche gefallen sein!

Zentrum der Hinterglasmalerei

Seit der Mitte des 18. Jahrhunderts ist der Staffelsee ein Zentrum der oberbayerischen Hinterglasmalerei. Dabei

Abb. 1 Hinterglasbild aus der Sammlung des Heimatvereins Seehausen.

wird seitenverkehrt auf der Rückseite einer nicht zur Durchsicht gedachten Glasscheibe gemalt. Im Gegensatz zur Malerei auf Leinwand arbeitet man in umgekehrten Malschritten, beginnend mit den Details und endend mit den Hintergrundflächen. In Murnau, Uffing und Seehausen arbeiteten zahlreiche Hinterglasmaler; in Seehausen seit 1764 Johannes Noder und ab 1786 Paul Gege. Da die Hinterglasbilder üblicherweise weder datiert noch signiert werden, ist die Zuord-

nung zu einem einzelnen Maler häufig schwer möglich. (Abb. 1) Die Hinterglasmalerei wurde als freies Hausgewerbe, z. T. auch als Nebenerwerb, in Familienwerkstätten betrieben. Dargestellt wurden vorwiegend religiöse, aber auch profane Motive wie Landschaften und Genreszenen. Die oberbayerischen Bilder wurden bevorzugt im eigenen Land, in Schwaben bis in den Schwarzwald und nach Tirol verkauft. In der 2. Hälfte des 19. Jahrhunderts verdrängten schließlich industriell hergestellte Farbdrucke die Hinterglasbilder, ein altes Hausgewerbe erlosch damit.

Abb. 2 Die von Gabriele Münter und Wassily Kandinsky bewohnte Villa in der Kottmüller Allee in Murnau heißt heute noch im Volksmund das »Russen-Haus«.

Prominente Sommerfrischler

Ende des 19. und zu Beginn unseres Jahrhunderts wurde die Landschaft um den Staffelsee ein Anziehungspunkt für Münchner Künstler, die sich dort gerne zur Sommerfrische aufhielten. Der berühmte Münchner Architekt Emanuel von Seidl, zu seiner Zeit einer der gefragtesten süddeutschen Landhaus-Architekten, wählte 1901 Murnau zu seinem Domizil. Sieben der 56 von ihm entworfenen Villen wurden in Murnau errichtet, das somit nach München die größte Anzahl an Seidl-Villen aufweisen kann. Mit seinen Münchner Freunden aus der Künstlerszene entfaltete der 1906 geadelte Seidl ausgedehnte gesellschaftliche Aktivitäten in Murnau. Einer der Höhepunkt war damals anscheinend eine Aufführung von Shakespeares »Sommernachtstraum« durch Max Reinhardt im Jahre 1910. Mitwirkender dieser Aufführung war der spätere Stummfilmregisseur Friedrich Wilhelm Plumpe (*28.12.1888 Bielefeld, † 11.3.1931 St. Barbara/Kalifornien), der sich danach in »Murnau« umbenannte. Seine Verfilmung des Dracula-Stoffes »Nosferatu« von 1921 gehört heute noch zu den absoluten Höhepunkten der Filmgeschichte.

Am 21.8.1909 kaufte Gabriele Münter das Haus Kottmüllerallee 6 in Murnau, das sie bis zu ihrem Tod 1962 bewohnen sollte (Abb. 2). Gabriele Münter, ihr Lebensgefährte Wassily Kandinsky und deren Freunde Alexej von Jawlensky und Marianne von Werefkin verarbeiteten die in der Umgebung von Murnau gesammelten Eindrücke und Inspirationen auf neuen künstlerischen Wegen. Kandinsky und der im 20 km entfernte Sindelsdorf ansässige Franz Marc arbeiteten 1911/12 vorwiegend in Murnau an der Herausgabe des Almanachs »Der Blaue Reiter«, der zur wichtigsten theoretischen Schrift des Expressionismus und der Klassischen Moderne werden sollte und die Sehweise der Kunst des 20. Jahrhunderts entscheidend prägte. Zahlreiche phantastisch schöne Gemälde erinnern noch heute an den Einfluß der Staffelseegegend und der dort blühenden Kunst der Hinterglasmalerei auf die Münchner Expressionisten.

Von 1924 bis 1933 war Murnau am Staffelsee der bevorzugte Aufenthaltsort Ödön von Horváths und seiner Familie. Der Ort und seine Bevölkerung wurden für Horváth zu einer unerschöpflichen Quelle für seine Kleinbürger-Studien, die er in zahlreiche Werke einfließen ließ. Besonders das 1930 entstandene Volksstück »Italienische Nacht« läßt deutlich Murnauer Persönlichkeiten und Vorkommnisse aufscheinen. Ein Zusammenstoß mit der nationalsozialistischen SA zwang Ödön von Horváth im Februar 1933, Murnau zu verlassen. Nicht nur prominente Architekten, Maler oder Schriftsteller fühlten sich am Staffelsee wohl. Seit dem Bau der Bahnlinie von München nach Murnau im Jahre 1879 entwickelte sich die Gegend zu einer beliebten Sommerfrische und Urlaubsziel.

Im »Pfaffenwinkel«

Die Gegend um den Staffelsee bietet auch heute noch für den Urlauber zu jeder Jahreszeit vielfältige Betätigungsmöglichkeiten und Attraktionen. Zu den besonderen Höhepunkten ist jedoch das kulturelle Umfeld zu zählen. Der Staffelsee liegt im Zentrum des Pfaffenwinkels. Die Bezeichnung »Pfaffenwinkel« wurde Mitte des 18. Jahrhunderts von dem Raistinger Pfarrherrn Franz Sales Gailler geprägt, der das Land »vor den Bergen« zwischen Isar und Lech aufgrund der zahlreich dort vorhandenen Klöster so bezeichnete (vgl. Karte S. 10). Unter diesen Klöstern des Pfaffenwinkels sind die beiden bedeutendsten sicherlich Benediktbeuren, 18 km (Luftlinie) östlich des Staffelsees, und das in

südlicher Richtung in einer Distanz von 15 km Luftlinie gelegene Ettal, eine Gründung Kaiser Ludwigs des Bayern vom 28. April 1330.

Das romanische Kleinod der Klosterkirche von Steingaden lohnt daneben aber ebenso einen Besuch wie die Rokoko-Pracht der Wieskirche und der »Heilige Berg« zu Andechs. Die Klöster von Bernried, Diessen, Reutberg und Rottenbuch sind Gründungen des Hohen Mittelalters und der Neuzeit, doch sind gerade im Pfaffenwinkel zahlreiche monastische Anlagen zu finden, deren Entstehung in eine frühe Zeit des Christentums zurückreicht. Neben dem bereits genannten Benediktbeuren sind wahrscheinlich die Klöster von Schlehdorf, Kochel, Polling, Wessobrunn und das sagenumwobene Staffelseekloster selbst im 8. Jahrhundert entstanden. Bauliche Überreste aus der Frühzeit sind bei diesen Klöstern allerdings kaum mehr zu besichtigen, da die Anlagen zumeist im Barock prächtig ausgestaltet wurden und dabei ältere Spuren zerstört wurden bzw. unter die Erde gerieten. Wessobrunn, das durch seine Stukkatorenschule des Barock und Rokoko zu Weltruhm gelangt war, wurde zudem in der Säkularisation weitgehend seines alten Glanzes beraubt.

Die Insel Wörth

Eines dieser ältesten Klöster des Pfaffenwinkels lag nach schriftlichen Quellen einst auf der Insel Wörth. Die Insel befindet sich heute im Besitz des Freistaates Bayern. Mit knapp 37 ha ist die Wörth die

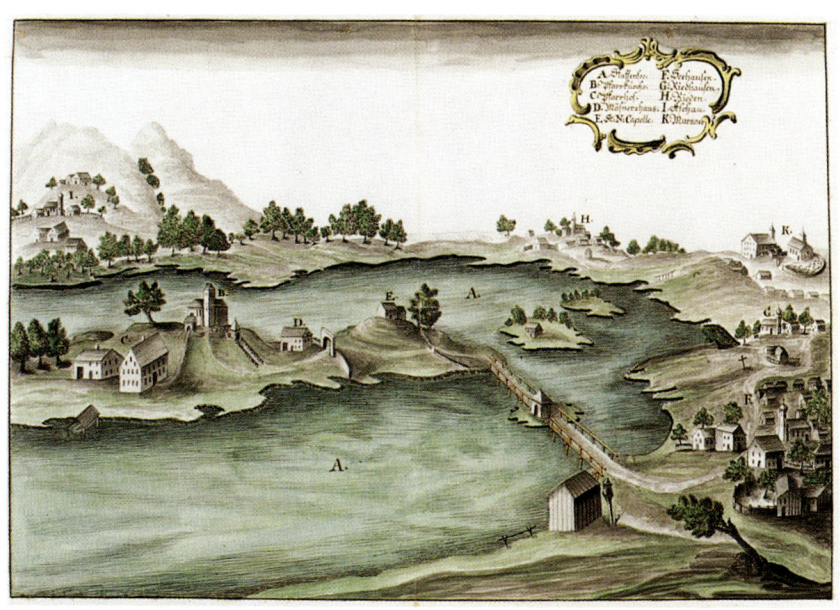

Abb. 3 Ansicht der Insel Wörth um 1770.
Bayerisches Hauptstaatsarchiv.

größte der sieben Inseln im Staffelsee. Ihre abwechslungsreichen Buchten machen sie im Sommer bei Badegästen besonders beliebt. Auf der höchsten Erhebung des hügeligen, z. T. bewaldeten Eilandes befindet sich heute ein schmuckes Kapellchen, das vom Festland aus manchmal erspäht werden kann.

Daneben gibt es auf der Insel Landwirtschaft und ein heute privat genutztes schloßartiges Herrenhaus.

Noch bis vor kurzem lag die Geschichte der Insel weitgehend im Dunkeln. Allgemein bekannt war die Tatsache, daß sich auf dem höchsten Hügel der Insel Wörth bis in das 18. Jahrhundert hinein die Pfarrkirche für Seehausen und nahezu alle Staffelsee-Anrainer befand. Alle Gemeindemitglieder mußten zu jeder kirchlichen Handlung, sei es Gottesdienst, Taufe, Beichte, Hochzeit oder Bestattung die Insel aufsuchen. Alte Ansichten zeigen uns, daß eine Holzbrücke die Insel über die kleine Steginsel St. Jakob mit dem Festland verband (Abb. 3). An diese alten Verhältnisse erinnert heute noch die ungemein beeindruckende Seeprozession, welche die Einwohner von Seehausen an Fronleichnam auf festlich geschmückten Booten zu der Hauptinsel im Staffelsee führt. Vom alten Steg künden heute noch Brückenpfähle unter Wasser zwischen der Wörth, der Jakobsinsel und dem Festland (Wassertiefe hier 3–5 m). Sie reichen bis zu einem halben Meter unter die Wasseroberfläche und sind bei starkem Schräglicht und ruhigem Wasser noch gut

Abb. 4 In neuem Glanz erstrahlt die 1836 errichtete und kürzlich renovierte Kapelle auf der Insel
Wörth im Staffelsee.

Abb. 5 Das Grab Josef von Utzschneiders auf
dem Alten Südlichen Friedhof zu München.

vom Boot aus zu erkennen. Im Sommer
bietet sich manchmal das erstaunliche
Bild, daß einem Badenden mitten im See
das Wasser nur bis zu den Knien zu reichen scheint. Ursache dafür sind keine
Untiefen, sondern die eben erwähnten
Brückenpfähle, die von einem guten
Schwimmer noch zu erreichen und zu
erklimmen sind.
Die Pfarrkirche auf der Insel wurde 1773
abgerissen und auf das Festland transfe-
riert. Die erstaunliche Tatsache, daß sich
bis ins 18. Jahrhundert die Pfarrkirche
von Seehausen nicht im Dorf, sondern
schlecht erreichbar mitten im See befand, konnte man auch vor Beginn der

Ausgrabungen schon darauf zurück-
führen, daß diese Pfarrkirche die Nach-
folgerin eines Klosters war, das bereits
im 8. Jahrhundert bestand. Einmal ge-
weihte Kirchen wurden und werden nur
sehr ungerne und unter besonderen Umständen versetzt oder aufgelöst, wie auch
das Ende der Pfarrkirche im Staffelsee
selbst beweist (s. S. 83f). Eine ähnliche
Situation wie am Staffelsee – die Kirche
nicht im Dorf – kann man am Chiemsee
antreffen: Die Pfarrkirche der von den
Chorherren auf der Herreninsel betreu-
ten Pfarrei befand sich bis zur Säkularisation auf der Insel. Erst 1806 wurde der
Pfarrsitz auf das Festland nach Breit-

brunn verlegt. Auch diese Pfarrkirche steht in der Tradition eines Klosters aus dem Frühen Mittelalter, das von Hermann Dannheimer umfassend untersucht wurde.

Am Platze der 1773 abgerissenen Pfarrkirche wurde 1838 auf der Insel Wörth im Staffelsee die heute noch dort stehende Kapelle im neoromanischen Stil gestiftet, um an die große kirchliche Vergangenheit der Wörth zu erinnern (Abb. 4). Der Stifter und damalige Inselbesitzer war kein Geringerer als der aus Rieden gebürtige Josef von Utzschneider (1763–1840), eine der großen bayerischen Gestalten des 18./19. Jahrhunderts. Als Bauernsohn aus einfachen Verhältnissen stammend, machte er als Geheimsekretär und »Churfürstlicher Hofkammerrat« am herzoglichen Hof in München Karriere. Als ein wahres Universalgenie war er auch als Generaladministrator der bayerischen Salinen, als Verwalter des Gestüts Schwaiganger, sowie als Forstwirt und Landschaftsgeometer tätig. Auf seine Vorschläge geht die erste bayerische Landesvermessung ebenso wie die Gründung der bayerischen Forstschulen zurück. Als Privatmann gründete er große industrielle Unternehmen, von denen hier nur die zusammen mit seinem Freund Josef von Fraunhofer errichtete Werkstatt zur Erforschung und Herstellung optischer Geräte im Kloster Benediktbeuern erwähnt sein soll. 1818 wurde Josef von Utzschneider zum 2. Bürgermeister von München gewählt, wo er sich besonders um das Schulwesen verdient machte (Abb. 5).

1866 wurde die von Utzschneider gestiftete Kapelle von dem Historienmaler Freiherr von Pechmann mit sechs historisierenden Fresken ausgemalt, die die Vergangenheit der Insel Wörth darstellen sollen.

Heinrich Freiherr von Pechmann (1826–1905) wurde 1869 Konservator der Gemäldegalerie Schleißheim und später auch Direktor der Pinakothek in München. Die sechs Pechmannschen Fresken fassen zusammen, was man allgemein über die Vorzeit der Insel Wörth vor Beginn der Ausgrabungen zu wissen glaubte. Vieles davon kann in den Bereich der Legende verwiesen werden, aber manches wurde durch die Ausgrabungen auch überraschenderweise bestätigt. Freiherr von Pechmann machte sich auf jeden Fall vor Beginn seiner Arbeit von der Geschichte der Insel kundig. Er war mit seinem Wissen über die Insel auf der Höhe der Zeit.

Nur wenige und z. T. widersprüchliche schriftliche Quellen berichten uns von dem Kloster des 8. Jahrhunderts auf der Insel Wörth, das vielleicht sogar einmal Mittelpunkt eines nur kurzzeitig bestehenden Bischofssitzes gewesen ist. Zahlreicher sind die Legenden, die sich um die Wörth ranken. So soll der Hunnenkönig Attila die Insel mit seinen Heerscharen überfallen haben, was auch der Freiherr von Pechmann in einem der Fresken dargestellt hat (Abb. 6). Freilich, 950 n. Chr. gab es schon lange keine Hunnen und keinen Attila mehr – sie lebten rund 500 Jahre zuvor – und die Ungarn, die zu

Abb. 6 Die Hunnen zerstören die Kirche auf der Insel und morden die Christen. Fresko des Freiherrn von Pechmann in der Kapelle auf der Insel Wörth, 1866.

dieser Zeit Süddeutschland unsicher machten, zerstörten das Kloster auf der Insel Wörth wahrscheinlich auch nicht. Vermutlich haben auch keine Mönche Glocken im See versenkt, um sie vor den Ungarn zu schützen, wie eine örtliche Sage erzählt. Auch der Hl. Bonifatius, der nach der Legende die Insel auf der Wörth im Jahre 742 einweihte (Abb. 7), war vermutlich nie am Staffelsee – zumindest

berichtet uns kein Schriftzeugnis davon. Seinen Namen trug jedoch eine uralte Linde, die bis 1945 auf dem damals ansonsten unbewaldeten Kirchenhügel der Insel Wörth zu finden war. Am 21. Mai 1945 fiel der gewaltige Baum einem Blitzschlag zum Opfer, eine neu gepflanzte Linde an seinem Standort wird hoffentlich auch eines Tages sein hohes Alter erreichen. Hexen auf ihrem Flug vom Blocksberg nach Benevent sollen auf der Bonifatiuslinde Station machen – wohl kein Archäologe oder Historiker kann zum Wahrheitsgehalt dieser Geschichte etwas beitragen.

Abb. 7 Der Heilige Bonifatius lehret das Christentum auf der Insel im Staffelsee. Fresko des Freiherrn von Pechmann in der Kapelle auf der Insel Wörth, 1866.

Die Ausgrabung

Das wenige reale Wissen, das über die Geschichte der Insel vorhanden war, führte dazu, daß sich im Jahre 1989 in Seehausen am Staffelsee ein Kuratorium aus Mitgliedern des LIONs-Clubs Murnau-Staffelsee (C. Heß, J. Borchardt, W. Emmerz, Graf Armannsperg, Dr. M. Trauner), der Gemeinde Staffelsee (G. Bosch, S. Eichberger, J. Bischl, S. Hirschberger) und der Pfarr-gemeinde Staffelsee (Pfarrer G. Matzke, J. Maraß) konstituierte, mit dem Ziel, Näheres über die Geschichte der Wörth zu erforschen. Da die schriftlichen Quellen spärlich fließen und z. T. auch noch widersprüchlich sind, schien eine archäologische Ausgrabung der beste gangbare Weg. Unter der Schirmherrschaft des damaligen Ministerpräsidenten des Freistaates Bayern, Dr. Max Streibl † und mit namhaften Förderern (Dr. Viktor Josef Dammertz, Bischof von Augsburg; Erzbischof Dr. Dr. Josef Stimpfle †, emerit. Bischof von Augsburg; Dr. Helmut Fischer, Landrat des Landkreises Garmisch-Par-

Abb. 8 Jede Ausgrabung bedeutet eine Zerstörung, da man beim Vordringen in ältere Schichten jüngere Relikte entfernen muß. Umso wichtiger ist eine exakte Dokumentation aller angetroffenen Spuren in Beschreibung, Fotografie und Zeichnung, wie hier auf der Insel Wörth.

tenkirchen; Frhr. v. Crailsheim, Präsident der Bayer. Schlösser- und Seenverwaltung i. R.; Dr. H. Dannheimer, Museumsdirektor i. R.; Prof. Dr. L. Wamser, Direktor der Archäologischen Staatssammlung München), gelang es dem »Kuratorium zur Förderung der Klostergrabung auf der Insel Wörth im Staffelsee e. V.« innerhalb kürzester Zeit, die Geldmittel für eine mehrjährige Grabungskampagne zu sammeln. Spenden von Privatpersonen, Institutionen und ein namhafter Zuschuß der Bayerischen Landesstiftung ermöglichten somit das Umfeld für ein Forschungsprojekt, wie es nur selten möglich ist. Die archäologische Feldforschung muß sich heute fast ausschließlich auf Notgrabungen beschränken, d. h. es können nur noch Objekte ausgegraben werden, die durch äußere Umstände, wie Baumaßnahmen aber auch Tiefpflügen unmittelbar von der Zerstörung bedroht sind. Ungefährdete Objekte, mögen sie von noch so großem wissenschaftlichen oder öffentlichen Interesse sein, können heute nicht mehr ausschließlich mit öffentlichen Mitteln ausgegraben werden. Nicht hoch genug eingeschätzt werden kann deshalb die Leistung des Kuratoriums, in einer Zeit begrenzter öffentlicher Mittel, eine derartige Forschungskampagne ermöglicht zu haben. Ebenso beeindruckend war jedoch auch die Begeisterung, mit der die Kuratoriumsmitglieder, die Einwohner der Gemeinde Seehausen und alle Mitarbeiter die Grabung begleiteten und unterstützten.

Die ausgrabende Behörde ist in Bayern eigentlich das Bayerische Landesamt für Denkmalpflege, Abt. Bodendenkmalpflege mit der Zentrale in München und Außenstellen in den einzelnen Regierungsbezirken Bayerns. Die Kapazitäten dieser Behörde sind allerdings durch Notgrabungen weitgehend ausgelastet, so daß sie mit eigenem Personal kaum mehr Forschungsgrabungen wie auf der Insel Wörth durchführen kann. Auf offene Ohren stieß das Kuratorium jedoch bei seinem Wunsch nach einer Ausgrabung bei der Archäologischen Staatssammlung, dem Archäologischen Landesmuseum für Bayern. Bodenfunde, die in Bayern geborgen werden, werden in der Archäologischen Staatssammlung restauriert, klimasicher verwahrt und für Sonder- und Dauerausstellungen im Haupthaus in München und den z. Zt. 12, über ganz Bayern verstreuten Zweigmuseen bereit gestellt. Die Erforschung der frühmittelalterlichen Klosterlandschaft in Bayern gehört seit langem zu den Forschungsschwerpunkten der Archäologischen Staatssammlung München, die in den vergangenen Jahrzehnten unter ihrem Direktor Dr. H. Dannheimer zahlreiche dieser frühen Kirchen und Klöster erforscht hat.

Nach einer ersten Sondage 1985 unter der Leitung von P. Haller wurden von 1992–1997 in den Sommermonaten Grabungskampagnen von der Prähistorischen Staatssammlung unter Leitung der Verfasserin und Dr. Barbara Wührer durchgeführt (Abb. 8).

Und danach?

So spannend und aufregend eine Ausgrabung sein mag, so ist sie doch nur ein kleiner Teil der archäologischen Tätigkeit. Der weitaus größere Teil der Arbeit ist wesentlich weniger spektakulär und vollzieht sich in der Werkstatt, im Museumsdepot oder im Büro am Schreib-

tisch, Zeichenbrett und Computer.

Zunächst müssen alle bei einer Ausgrabung geborgenen Fundobjekte restauriert oder konserviert werden. Nahezu alle Metallobjekte, die längere Zeit im Boden lagen, verändern sich aufgrund chemischer Vorgänge und müssen restauratorisch behandelt werden, um weiter fortschreitende Veränderungen zu stoppen. Eisen, Silber und Bronze korrodieren, lediglich Gold behält immer seinen magischen Glanz. Geborgene Tonscherben werden gewaschen und nach Möglichkeit wieder zu Gefäßen oder Gefäßteilen zusammengesetzt. Die Werkstätten der Archäologischen Staatssammlung haben diese Aufgaben am Material der Grabungen von der Insel Wörth bereits weitgehend vollendet. Nach der erfolgten Restaurierung wird jedes geborgene Objekt – vom einfachen Sargnagel bis zum skulptierten Stein – von einem Wissenschaftler inventarisiert, d.h. mit einer Nummer beschriftet und für das Museumsinventar mit allen Maßen exakt beschrieben. Soweit möglich wird dann – auch anhand von Vergleichsmaterial – versucht, die Funde zeitlich genau einzuordnen. Parallel zu diesen Arbeiten verläuft die röntgenografische, fotografische und zeichnerische Dokumentation, die ebenfalls bereits in Angriff genommen wurde. Ziel aller dieser Arbeiten ist die abschließende wissenschaftliche Publikation für die Fachwelt, in der alle Schritte der Grabung nachvollziehbar und alle Ergebnisse nachweisbar sein werden. Das Erscheinen dieser Publikation wird sicherlich noch geraume Zeit auf sich warten lassen, so daß man sich entschloß, die wichtigsten Ergebnisse der Ausgrabung in dieser Schrift bereits vorab einer breiteren Öffentlichkeit zugänglich zu machen. Im neu eingerichteten Heimat-Museum in Seehausen werden die wichtigsten Funde der Ausgrabung als Leihgaben der Archäologischen Staatssammlung zu besichtigen sein. Die Kapelle auf der Insel Wörth wurde in den letzten Jahren restauriert und kann auch jetzt wieder zu Gottesdiensten genutzt werden. Das Gelände um die Kapelle soll als archäologisches Freigelände hergerichtet werden, wo sich Besucher anhand von Schautafeln über die Ergebnisse der Grabung informieren und gleichzeitig den besonderen Zauber dieses Platzes genießen können.

2.
Was geschrieben steht

Geschichte – Frühgeschichte – Vorgeschichte

Während des längsten Teils der Menschheitsgeschichte war es nicht überlebensnotwendig, Lesen und Schreiben zu können. Ja, die Entstehung von Schriftzeichen und die Schriftlichkeit überhaupt sind relativ späte Erscheinungen, die sich in Mitteleuropa z. B. erst nach der Zeitenwende durchsetzten. Im allgemeinen ist das Einsetzen vollständiger schriftlicher Überlieferung mit einer Zäsur in der Menschheitsgeschichte verbunden. Die Benutzung der Schrift stellt immer den entscheidenden Schritt zur Hochkultur dar, da sich dadurch Verwaltungsstrukturen und kompliziertere Sozialsysteme entwickeln lassen.

Für viele Jahrtausende gibt es deshalb keine schriftlichen Aufzeichnungen, aus denen wir die Vergangenheit rekonstruieren könnten. Schwerpunktmäßig unterscheiden Archäologen die *Vorgeschichte* (= Zeit vor dem Einsetzen schriftlicher Quellen) und die *Frühgeschichte* (= Zeit des ersten Einsetzens historischer Quellen, unvollständige schriftliche Überlieferung). Die Schwelle der Schriftlichkeit setzt dabei weltweit sehr unterschiedlich ein, weshalb es keinen einheitlichen Zeit-

punkt für das Ende der Vorgeschichte (Prähistorie) gibt.

Die ältesten Schriftkulturen finden wir im südlichen Mesopotamien und in Ägypten um etwa 3000 v.Chr. Mit Hilfe der nordafrikanischen Phöniker verbreiten sich ab etwa 1000 v.Chr. Buchstabenschriften nach Griechenland und Italien. In Ostasien können die Anfänge der chinesischen Schrift bis in die Mitte des 2. Jahrtausends v.Chr. zurückverfolgt werden. Andere Bereiche entdecken die Schrift als Kommunikationsmittel erst wesentlich später. Wohl jeder hat sich aus seiner Schulzeit das Wissen bewahrt, daß Karl der Große des Lesens und Schreibens nicht mächtig war. Auch die Unterschriften auf mittelalterlichen Urkunden zeigen, daß die deutschen Kaiser und Könige des Mittelalters eher mit anderen Künsten als dem Schreiben vertraut waren. Häufig setzten sie statt ihres Namens nur einen Erfüllungsstrich. Der Norden Europas entdeckt die Schriftlichkeit erst nach dem 10. Jahrhundert n.Chr., Süd- und Nordamerika nach dem 16. Jahrhundert, Zentral- und Südafrika folgen noch später.

Urkunden, Briefe und andere Schriftzeugnisse

Das Frühe Mittelalter in Mitteleuropa wird zur Frühgeschichte gezählt, das heißt, es gibt für diese Epoche eine bruchstückhafte schriftliche Überlieferung. Welche Texte sind uns nun aus dieser Zeit bekannt? Es sind dies in erster Linie Schriften, die zu politischen, administrativen oder juristischen Zwecken angefertigt wurden: Urkunden, Testamente, Briefe, Inventare und Gesetzestexte. Dann gibt es Schriften aus dem sakralen Bereich, zu denen vor allem kirchliche Texte, Bibelabschriften und Gebetsbücher zu zählen sind. Im Vergleich zur heute existierenden Literatur gab es nur in geringem Maße Werke der Geschichtsschreibung, die die Ereignisgeschichte aufzeichneten. Alle Texte mußten ja vor der genialen Erfindung des Buchdrucks durch Johannes Gensfleisch, genannt Gutenberg, im Jahre 1450 von Hand geschrieben werden, so daß auch keine weite Verbreitung einer Literatur erreichbar war. Die von Einhard verfaßte Lebensbeschreibung Karls des Großen, sicherlich schon von den Zeitgenossen und allen Nachfahren als wichtiges Werk erachtet, ist heute nur in einer Anzahl von ca. 80 Exemplaren erhalten. Mit diesen 80 Exemplaren gehört das Werk zu den am weitesten verbreiteten Geschichtswerken des Mittelalters. Eine verschwindend geringe Zahl, vergleicht man sie z. B. mit den Auflagezahlen, die heute Kriminalromane erreichen, von denen in 1200 Jahren mit Sicherheit kein Mensch mehr sprechen wird! Was von dem im Frühen Mittelalter Niedergeschriebenen erhalten blieb, waren die in den Klöstern verwahrten Abschriften, die natürlich nur eine Auswahl darstellten. Für weite Bereiche des frühen Mittelalters bleibt unsere Kenntnis deshalb sehr bruchstückhaft.

Boden- und Baudenkmäler

Überreste der Vergangenheit sind heute in Form von Baudenkmälern wie Kirchen oder Burgen noch überall deutlich sichtbar. Daneben gibt es aber auch obertägig nicht mehr sichtbare, in der Erde verborgene Bodendenkmäler, wie die Gräber, Siedlungen und Versteckfunde der Menschen der Vergangenheit. Dadurch, daß der Mensch heute mit Baumaßnahmen immer mehr in seine Umwelt eingreift, zerstört er vermehrt auch die Relikte seiner eigenen Vergangenheit. Diese zu erforschen ist die Aufgabe der Archäologen. Heute beschäftigen sich die Archäologen nicht mehr ausschließlich mit der Vor- und Frühgeschichte, sondern auch mit den Sachüberresten des Mittelalters und der Neuzeit, Epochen, die man durch Schriftquellen eigentlich ausreichend gut zu kennen meint. Gerade das Beispiel der Insel Wörth im Staffelsee zeigt aber, daß es für Archäologen sogar für die Barockzeit ein weites Betätigungsfeld gibt. Auch die dinglichen Hinterlassenschaften des Menschen, mögen es auch noch so unscheinbare Relikte wie schmutzige Tonscherben sein, gehören zu seiner Geschichte. Nur durch sie bekommen wir eine Vorstellung vom täglichen Leben des

normalen Menschen, das uns sonst nicht
bekannt wäre.

Die ersten schriftlichen Erwähnungen

Schriftquellen über den Staffelsee setzen
nach dem Ende der Römerherrschaft ein.
Der gegen Ende des 7. Jahrhunderts
schreibende, anonym gebliebene Geograph von Ravenna erwähnt bereits eine
»civitas Stafulon«, bei der es sich nach
den als benachbart gelegen bezeichneten
Lokalitäten mit einiger Sicherheit um den
Staffelsee handelt. In seiner Beschreibung des Alamannenlandes überliefert
der Geograph von Ravenna uns eine Zu-
sammenstellung elsässischer, schweizeri-
scher und ostschwäbischer Ortsnamen
wie Ziurichi, Duebon, Crino und Stafulon.
Bei einigen der von ihm verwendeten
Ortsnamen wird eine italogotische
Schreibweise gebraucht, weshalb man
vermutet, daß der Geograph von Ravenna
in diesem Abschnitt seines Werkes eine
ältere Darstellung übernimmt, die aus
der Zeit des Ostgotenkönigs Theoderich
(451–526) stammt. Theoderich hatte nach
dem Zusammenbruch des Weströmischen
Reiches 476 die Herrschaft über Italien
mit Regierungssitz in Ravenna angetreten
(Abb. 9). Schon unter seinen Nachfolgern
zerfällt das italische Ostgotenreich wieder
und gerät unter byzantinische (= oström-
sche) Oberherrschaft. Zu Lebzeiten Theo-
derichs waren antike Verwaltungsstrukturen noch lebendig. Die ehemalige römische Provinz *Raetia II*, zu der auch das
bayerisches Voralpenland zählte, gehörte
verwaltungsmäßig zu Italien und damit

Abb. 9 Der Ostgotenkönig Theoderich (451–526),
der in diesem Grabmal zu Ravenna bestattet
wurde, war auch Herrscher über das bayerische
Voralpenland.

zum Herrschaftsgebiet der Ostgoten. Süddeutschland südlich der Donau war demnach über ein Menschenalter hindurch
ostgotisches Gebiet, weshalb ein ostgotisches Interesse an den festen Plätzen,
die der Vorgänger des Geographen von
Ravenna auflistete, verständlich ist.
Einer Quelle völlig anderer Art verdanken wir die nächste Erwähnung des Staffelsees um 750, wobei erstmals mit der
Ortsangabe das St. Michaels-Patrozinium
verbunden wird. Es handelt sich dabei
um eine Urkunde, in der eine Edelfrau

Abb. 10 Der Heilige Simpert, Bischof in Staffelsee spendete Segen und Wohltaten auf der Insel.
Fresko des Freiherrn von Pechmann in der Kapelle auf der Insel Wörth, 1866.

mit Namen Wangart ein Drittel ihrer Be-
sitzungen zu Obersöchering an St. Michael
»...ad stagnum Staphala...« vergibt.

Zwei Briefe und ein Bischof

Für eine große Resonanz des Staffelsees
in der heutigen historischen Forschung
haben zwei päpstliche Briefe gesorgt: In
einem Brief des Papstes Leo III. von 798
wird neben den Bistümern Säben, Freising, Regensburg und Passau auch Neuburg unter seinem Bischof Simpert der
Metropole Salzburg unterstellt (vgl. S. 64,
Abb. 37). Bei den Adressaten eines Briefes
desselben Papstes Leo vom 11. 4. 800 findet sich unter den Bischöfen der bairischen Kirchenprovinz nun ebenfalls ein
»... Sintpert[o] Stafnensis ecclesiae...«
(Simpert von der Kirche im Staffelsee),
der aller Wahrscheinlichkeit nach mit
dem zwei Jahre zuvor angesprochenen
Sintpert von Neuburg identisch ist (Abb.
10) Die Existenz eines bairischen Bistums
Neuburg/Staffelsee gegen Ende des 8. Jahrhunderts ist durch diese beiden Briefe

Abb. 11 Der Heilige Ulrich weihet die neuerbaute Kirche auf der von ihm oft bewohnten Insel feierlich ein. Fresko des Freiherrn von Pechmann in der Kapelle auf der Insel Wörth, 1866.

und die Teilnehmerliste der Reisbacher Synode 799 eindeutig nachgewiesen. Allerdings war diesem Bistum keine lange Lebensdauer beschieden. Das südlich der Donau und rechts des Lechs anzusiedelnde Bistum wurde von Simpert bereits im ersten Jahrzent des 9. Jahrhunderts mit der Diözese Augsburg vereinigt, Simpert selbst bestieg den Bischofsthron zu Augsburg. Heftig diskutiert ist nun der Sitz des nur so kurze Zeit bestehenden Bistums Neuburg/Staffelsee. Allgemein spricht man sich für eine Lokalisierung in Neuburg an der Donau aus, wenn auch die Argumente dafür nicht ganz überzeugen können und entsprechende Bodenfunde aus Neuburg bislang nicht bekannt geworden sind. Festzuhalten bleibt, daß das Kloster Staffelsee zumindest zeitweise als Sitz des Bischofs Simpert fungiert hat. Nach seiner Vereinigung mit der Diözese Augsburg verblieb Staffelsee/Neuburg im Besitz des Bistums Augsburg, zu dem der Staffelsee und sein Umland auch heute noch gehören.

Was ein Kloster alles besaß – das »Staffelsee-Urbar«

Um 810 entsteht, wohl auf bischöfliche Initiative hin, das »Staffelsee-Urbar«, ein Inventar, das die Anzahl, den Rechtsstatus und die Belegung der im Bistumsbesitz befindlichen Hofstellen festhalten sollte. Das als *Codex Guelflorum. 254 Helmstadensis* der Herzog August Bibliothek in Wolfenbüttel erhalten gebliebene Fragment dieses Inventars zählt heute zu den prominentesten Quellen zur karolingerzeitlichen Wirtschaftsgeschichte. Es listet den Kirchenschatz des Klosters, die textile Ausstattung der Kirche sowie den Bibliotheks- und Schreibstubenbestand auf. Dem folgt die Aufnahme der Liegenschaften, Vorräte und Gerätschaften des zur Kirche gehörigen grundherrlichen Hofes mit einem Verzeichnis des Ackerlandes und der Wiesen, der Getreidevorräte, des Groß- und Kleinviehbestandes, der Lebensmittelvorräte und Gerätschaften sowie der Wirtschaftsgebäude und der dazu gehörigen Höfe.

Man erhält durch dieses Inventar den Eindruck von einer reichen Ausstattung des Klosters. Durch die Besitzauflistung wird deutlich, daß sich der Klosterbesitz nicht nur auf die Insel Wörth beschränkt haben kann, verfügte das Kloster doch über 250 ha Ackerland, wo die Insel nur gerade einmal 37 ha umfaßt. Auch eine Mühle wird sich auf dem Festland befunden haben. Freilich läßt uns das Schriftstück im Unklaren darüber, welche Gebäude außer der Michaelskirche noch auf der Insel gestanden haben.

Ein Heiliger und ein Kaiser auf der Durchreise

Eine kurze Erwähnung findet der Staffelsee schließlich in der Lebensbeschreibung des Hl. Ulrich von Augsburg als einer der Orte, die der Bischof von Zeit zu Zeit aufsuchte (Abb. 11). Eine weitere Erwähnung in den schriftlichen Quellen, die sich wohl auf das Kloster im Staffelsee bezieht, kann in das Jahr 1000 datiert werden. Auf einer Rückreise aus Italien nahm Kaiser Otto III. am 17. Januar des Jahres 1000 am Staffelsee Station und stellte dort eine Urkunde zugunsten der erzbischöflichen Kirche zu Magdeburg aus. Aufgrund des Weges, den der Kaiser nahm, ist »stapulse« wohl eindeutig mit dem Staffelsee zu identifizieren.

Ein Mönch als Fälscher?

Die wichtigsten Informationen zu dem Kloster im Staffelsee erhalten wir allerdings von einer Schriftquelle, die erst im 11. Jahrhundert niedergeschrieben wurde. Um 1050 verfaßte ein Mönch Gottschalk den »Rotulus Historicus Benedictoburanus«, in dem die Geschichte des Klosters Benediktbeuern (Abb. 12), eng verwoben mit einem Besitzverzeichnis, dargestellt wird. Weitgehend auf diesem Werk fußt die um die Mitte des 12. Jahrhunderts verfaßte »Chronica Burensis monasterii«. Nach diesen beiden Quellen stellt sich die Geschichte des Klosters folgendermaßen dar: 740 gründen die drei Brüder Lantfrid, Waldram und Eliland aus dem Adelsgeschlecht der Huosi das Kloster Benediktbeuern und in dessen Folge

die Männerklöster Staffelsee, Schlehdorf,
Sandau, Wessobrunn sowie die Frau-
enklöster Polling und Kochel. Benediktbeuern wird mit 50 Mönchen besiedelt,
alle anderen Klöster erhalten je 25 Or-
densleute. Die drei Brüder halten nach-
einander die Abtwürde von Benediktbeuern. Am Wahrheitsgehalt dieser Geschichte wurden erhebliche Zweifel angemeldet,
beginnend bei den drei Brüdern, deren
lange Sedenzzeiten als Äbte eher dafür
sprechen, daß es sich bei ihnen nicht um
Brüder, sondern vielleicht eher um An-
gehörige einer einzigen Familie gehandelt
haben mag. Zudem wurde der Grün-
dungszeitpunkt Benediktbeuerns sowie
die Existenz und Abhängigkeit der anderen Anlagen von Benediktbeuern ange-
zweifelt.

Festzuhalten bleibt, daß Benediktbeuern
eine wichtige Rolle für die wirtschaftliche
und kolonisatorische Entwicklung des
Voralpenlandes in karolingischer Zeit
spielte und die Existenz einer Klosterkirche von archäologischer Seite aus wahrscheinlich gemacht werden konnte,
die dem von Gottschalk überlieferten
Gründungsdatum nicht widerspricht. Die
Beteiligung Benediktbeuerns an der
Gründung Staffelsees ist allerdings mit
Vorbehalt zu sehen. Enge Beziehungen
zwischen den beiden Klöstern können
zwar mit Sicherheit angenommen werden, doch dürfte die Benediktbeuerner
Tradition durchaus auch einen Legitimati-
onsversuch eigener Ansprüche dargestellt haben. So wurde der vierte Abt von

Benediktbeuern, Hringrim, 858 in »Staphalastagno monasterio« (Staffelsee-Kloster) bestattet.

Vom Kloster zur Pfarrkirche

Die wenigen Schriftquellen, die über das frühmittelalterliche Kloster Auskunft geben können, wurden hiermit skizziert. Keine Schriftquelle informiert uns über das Ende des Klosters.

Erst wieder 1185 und 1256 begegnen wir – in bezug auf Pfarrgrenzregulierungen zwischen Staffelsee und Benediktbeuern – den Pfarrherren Albrecht und Albert im Staffelsee. Spätestens ab dem 12. Jahrhundert befand sich laut Ausweis dieser

Quellen auf der Insel Wörth im Staffelsee kein Kloster mehr, sondern die Pfarrkirche für die südlichen und östlichen Staffelseeanrainer. Als folgenschwer erwies sich für die Staffelseegmeinde die Gründung des Klosters Ettal am 28.4. 1330 durch den Kaiser Ludwig, den schon seine Zeitgenossen den »Bayern« nannten.

Zum Unterhalt des Klosters kaufte der Kaiser 1332 die Herrschaft Eschenlohe, die Pflegschaft Murnau und das Patronatsrecht von Staffelsee, um sie Ettal zu übergeben. Die Pfarrei Staffelsee selbst wurde 1450 durch Papst Nikolaus V. dem Kloster Ettal inkorporiert.

3.
Aus heidnischer Vorzeit

Das fruchtbare Gebiet um den Staffelsee wurde bereits in grauer Vorzeit von Menschen bewohnt. Lange vor dem Einsetzen einer schriftlichen Überlieferung erlauben uns nur die Bodenfunde Aussagen über die Siedlungen und Lebensverhältnisse der damaligen Menschen. Bevorzugt aufgesucht wurden von ihnen offenbar die für den Ackerbau günstigen Altsiedelgebiete zwischen Staffelsee und Riegsee sowie die Region nördlich des Staffelsees bis zum Ammersee, wo sich heute zahlreiche Ortsnamen mit der Endung -ing befinden (vgl. S. 54).

Der Staffelsee liegt verkehrstechnisch in bedeutender Position am nördlichen Alpenrand. Das wichtigste Zeugnis dafür ist eine Straße, die spätestens seit römischer Zeit in Nord-Süd-Richtung direkt am östlichen Staffelseeufer vorbeiführt. Man möchte fast annehmen, daß diese wichtige Verkehrsanbindung bereits in vorrömischer Zeit bestanden hatte, doch gibt es erst aus römischer Zeit eindeutige Belege für einen regelrechten Straßenbau. Die Straße führte, von der Hauptstadt der römischen *Provinz Raetia II, Augusta Vindelicum* = Augsburg, kommend, östlich am Staffelsee vorbei, dem Lauf der Loisach folgend am östlichen Rand des Murnauer Mooses entlang nach Partenkirchen und weiter über Mittenwald/Scharnitz Richtung Innsbruck, zum Brenner und damit nach Italien. Neben der *via Claudia* über Füssen und den Fernpaß war diese Straße in römischer Zeit die wichtigste Südverbindung nach Italien, sie blieb auch im Mittelalter noch in Gebrauch. Im späten Mittelalter wurde auf ihr der Handel zwischen den Städten Augsburg und Venedig abgewickelt.

Epochen der Vorgeschichte

Die Hauptepochen der Vorgeschichte werden traditionell nach dem hauptsächlich verwendeten Material bezeichnet (Abb. 13). Da der Mensch als erstes nachweisbares Material den Stein zu Werkzeug und Gerät verarbeitete, beginnt die Geschichte der Menschheit mit der Steinzeit. In der älteren Steinzeit (ca. 2,4 Mio. Jahre–5500 v. Chr.) war der Mensch noch nicht seßhaft, sondern durchzog als nomadisierender Jäger und Sammler am Ende der Eiszeiten die Landstriche. Von dieser Bevölkerung haben sich keine Spuren im Alpenvorland erhalten, dessen Besiedlung zu dieser Zeit auch gar nicht möglich gewesen sein dürfte, da noch große Landstriche vom eiszeitlichen Gletschereis be-

	Epoche	Zeit
Nacheiszeit	Neuzeit	1 500 n. Chr. – heute
	Mittelalter	400 n. Chr. – 1 500 n. Chr.
	Römische Zeit	15 v. Chr. – 400 n. Chr.
	Jüngere Eisenzeit (La-Tène-Zeit)	500 – 15 v. Chr.
	Ältere Eisenzeit (Hallstattzeit)	800 – 500 v. Chr.
	Bronzezeit	2 000 – 800 v. Chr.
	Jungsteinzeit (Neolithikum)	5 500 – 2 000 v. Chr.
	Mittelsteinzeit (Mesolithikum)	8 000 – 550 v. Chr.
Eiszeitalter	Jüngere Altsteinzeit (Jung-Paläolithikum)	32 000 – 8 000 v. Chr.
	Mittlere Altsteinzeit (Mittel-Paläolithikum)	100 000 – 32 000 v. Ch.
	Ältere Altsteinzeit (Alt-Paläolithikum)	1 Mio. – 100 000 v. Chr.
	Frühe Altsteinzeit	ca. 2,4 Mio. – 1 Mio. v. Chr.

Abb. 13 Zeittafel.

deckt waren. Um 5500 v. Chr. vollzieht sich dann in Mitteleuropa eine grundlegende Wendung in der Menschheitsgeschichte. Der Mensch wird seßhaft und greift erstmals massiv in seine Umwelt ein. Er rodet Wälder, um aus dem gewonnenen Holz Häuser bauen zu können. Die Seßhaftigkeit ermöglicht es ihm, Ackerbau und Viehzucht zu betreiben und macht es notwendig für ihn, Vorräte lagern zu können. Der Mensch legt für längere Zeit benutzte Friedhöfe an und stellt Keramik her. Mit der Entdeckung der Bronzetechnologie beginnt eine neue Epoche (2000–800 v. Chr.). In der darauffolgenden Eisenzeit (800 v. Chr.–um Christi Geburt) wird zum ersten Mal Eisen verarbeitet, wenn auch Bronze und Stein natürlich weiterverwendet wurden. Die jüngere Epoche der Eisenzeit läßt sich erstmals mit namentlich bekannten Volksstämmen in Verbindung bringen. Antike Autoren des Mittelmeerraumes berichten uns von zahlreichen Volksstämmen im Alpenvorland, die allgemein unter dem Begriff »Kelten« zusammengefaßt werden.

Abb. 14 Wohl als Opfer an die Götter gelangte dieses Bronzeschwert in den Staffelsee. Originallänge 62 cm, Privatbesitz.

Staffelsee und Riegsee in der Bronzezeit

Die Insel Wörth selbst wird zu Siedlungszwecken zuerst wahrscheinlich in der späten Bronzezeit aufgesucht. Während der Ausgrabung wurden wenige Reste von Tongefäßen aus dieser Zeit geborgen. Die Menschen der Bronzezeit waren bereits in der Lage, Boote zu bauen, wie ein Einbaum aus dem Starnberger See beweist, der um 900 v. Chr. entstanden ist. Mit ähnlichen Gefährten wurde der Staffelsee wahrscheinlich auch von Menschen seit der Bronzezeit befahren. Aus dem See selbst, etwa zwischen der Jakobsinsel und der Insel Wörth, konnte 1962 ein Taucher ein Bronzeschwert dieses Zeitalters bergen (Abb. 14). Die kostbare Waffe ging wohl kaum einfach bei einer Bootsfahrt verloren, sondern war eher eine Weihegabe an die Götter des Sees. Namengebend für eine Kulturgruppe der späten Bronzezeit wurde der dem Staffelsee benachbart gelegene Riegsee. Das entsprechende Fundmaterial stammt bis auf wenige Ausnahmen aus Grabungen Julius Naues 1885–1887 in Grabhügeln zwi-

schen dem Ammer- und dem Staffelsee (Abb. 15). Siedlungen dieser Riegsee-Gruppe sind bis jetzt nicht bekannt – analog anderer der späten Bronzezeit dürfen wir uns kleinere Gehöfte aus ein- oder zweischiffigen hölzernen Pfostenbauten von durchschnittlich 5 bis 10 m Länge und rund 6 m Breite vorstellen, die sich häufig am unmittelbaren Seeufer befanden.

Kelten und Räter

Aus dem Staffelseeumland stammen auch reiche Funde aus der älteren Eisenzeit, die nach einem prominenten Fundort in Österreich *Hallstattzeit* (800–500 v. Chr.) genannt wird. Die Menschen dieser Zeit bestatteten ebenfalls in Grabhügeln, die in einiger Anzahl zwischen Staffel- und Riegsee nachzuweisen sind. Auf der Insel Wörth hinterließen sie keine Spuren. Bei Ausgrabungen des *Instituts für Vor- und Frühgeschichte der Universität München* unter der Leitung von Frau Dr. A. Lang auf der Geländekuppe »Spielleitenköpfl« am Westrand des Loisachtals bei Farchant wurde ein Brandopferplatz dieser Epoche nachgewiesen. Dort hatte man Schafe und Ziegen sowie Trachtbestandteile und Werkzeuge geopfert. Zahlreiche Keramikbruchstücke, wohl von zerschlagenen Gefäßen, zeugen von den heidnischen Opferzeremonien der Hallstattzeit. Eine Besiedlung der jüngeren Eisenzeit, nach einem Fundort in der Westschweiz La-Tène-Zeit (500 v. Chr.–um Christi Geburt) genannt, ist im Staffelsee-Umland bislang nur sehr schwer nachweisbar.

Abb. 16 Ein Räter war wohl der ehemalige Besitzer dieses Bronzehelms, der unweit vom Staffelsee, bei Saulgrub, gefunden wurde. Archäologische Staatssammlung München.

Kurz vor der Jahrtausendwende entstanden Konflikte der im Voralpenland ansässigen Bevölkerung mit den in dieser Gegend machtvoll nach Norden ausgreifenden Römern. Es ist heute in der Forschung umstritten, warum kaum Funde dieser Zeit aus dem Staffelseeumland vorliegen. Dabei ist schwerlich anzunehmen, daß die Landschaft in dieser Zeit nicht besiedelt war. Eher ist wahrscheinlich, daß uns einfach die Hinterlassenschaften nicht bekannt sind. Archäologen sind abhängig von den Auffindungsbedingungen: in dicht bebauten oder landwirtschaftlich stark genutzten Gebieten werden häufig Bodenfunde angetroffen, in Regionen, wie dem unmittelbaren Alpenvorland, wo wenig Bodenbewegungen

stattfinden – Moor- und Waldflächen, Weidewirtschaft – sind die Chancen viel geringer. Einige wenige Funde aus den letzten Jahrhunderten vor Christi Geburt gibt es dennoch und die geben zu bedenken, daß die Einwohner des Staffelsee-Umlands keine Kelten waren, sondern eher zu einer alpinen Bevölkerung gehörten, die die Römer *Räter* nannten. (Abb. 16).

Mit den Römern wurde alles anders

Seit wenigen Jahren gibt es noch ein deutliches Zeugnis für die Besiedlung des Staffelseeumlands unmittelbar vor Christi Geburt. 1992/93 konnte *die Kommisssion zur archäologischen Erforschung des spätrömischen Raetien* bei der Bayerischen Akademie der Wissenschaften ein Heiligtum der einheimischen Bevölkerung am Döttenbichel bei Oberammergau ausgraben. Es handelt sich dabei um ein Naturheiligtum, das kaum Spuren im Boden hinterlassen hat. Zahlreiche Gegenstände, nämlich an die 700 antike Metallobjekte wurden dort geopfert. Am zahlreichsten waren dabei Eisenwaffen, darunter auch Formen, wie sie von der einheimischen Bevölkerung nicht hergestellt wurden, sondern die aus römischer Produktion stammen. Möglicherweise fand ein Kampf zwischen Römern und Einheimischen im Heiligtum am Döttenbichel statt, wovon die Waffen übrigblieben – niemand machte sich mehr die Mühe, das Schlachtfeld aufzuräumen. Vielleicht sammelten die Einheimischen aber auch die nach einer an einem anderen Ort stattgefundenen Schlacht liegengeblie-

Abb. 17 Ähnliche Gewandverschlüsse wie dieses verbrannte Bronzefragment von der Insel Wörth (unten) wurden auch aus dem Tiber in Rom (oben) geborgen. Archäologische Staatssammlung München.

benen Waffen auf und opferten sie ihren Göttern. Einen deutlichen Hinweis auf die Datierung dieser Schlacht geben zwei eiserne Katapultpfeilspitzen, die einen eingestempelten Herstellernachweis enthalten. Sie wurden von einem Mitglied der 19. Römischen Legion hergestellt und verwendet. Die 19. Legion wurde zusammen mit zwei anderen im Jahre 9 n. Chr. in der Varusschlacht aufgerieben und danach nie mehr aufgestellt, d. h. die beiden Pfeilspitzen können nicht nach dem Jahre 9 n. Chr. hergestellt worden sein. Vielleicht stehen die Funde vom Döttenbichl mit der Eroberung des Voralpenlandes durch

die Römer im Jahre 15 v. Chr. in Zusammenhang. Südbayern war seit diesem Zeitpunkt Bestandteil des Römischen Reiches. Nach der Eroberungszeit kann man von einer friedlichen Koexistenz von Römern und Einheimischen ausgehen. Zahlreiche Römer siedelten sich hier an und bewirtschafteten auf Bauernhöfen das Land. Die römische Lebensweise wurde sehr schnell von den Einheimischen übernommen, so daß diese beiden Bevölkerungsgruppen bald im archäologischen Fundmaterial nicht mehr zu trennen sind. Von der Insel Wörth stammen nun einige Funde, die in die späteste La-Tène-Zeit datiert werden können. Neben Bruchstücken von Tongefäßen am bedeutendsten ist ein verbranntes Bruchstück einer Gewandschließe, einer sog. Fibel. Es handelt sich dabei um eine römische Fibelform aus dem 1. Jahrhundert v. Chr., die

Abb. 18 Die Kelten begraben ihre Toten auf der Insel, ihres Paradieses Eiland. Fresko des Freiherrn von Pechmann in der Kapelle auf der Insel Wörth, 1866.

fand sich im 1. Jahrhundert v. Chr. ein Bestattungsplatz auf der Insel Wörth. Zu dieser Zeit war die Brandbestattung üblich (Abb. 18).

nördlich der Alpen nur vereinzelt vorkommt (Abb. 17). In allen Grabungsflächen wurden immer wieder kleine Reste von verbrannten menschlichen Knochen beobachtet, die sich jedoch in keinem Fall eindeutig datieren ließ. Nicht ausgeschlossen werden kann ein Zusammenhang zwischen diesen Leichenbrandresten und den beobachteten Brandspuren am Fibelfragment: Vielleicht be-

Vorboten des nahen Endes – Eine Zuflucht auf dem Moosberg

Im 3. Jahrhundert begannen die Germanen, im Laufe der Völkerwanderung von Norden her vorzudringen. Die römische Grenzverteidigung konnte den ständigen germanischen Übergriffen bald nichts mehr entgegensetzen. Die bedrohte zivile Bevölkerung zog sich mehr und mehr in kleine befestigte Anlagen zurück. Eine

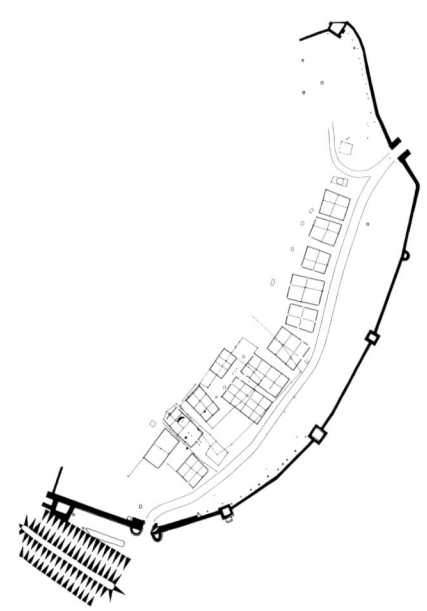

Abb. 19 Wesentlich größer als die römische Ansiedlung auf der Insel Wörth war die auf dem heute nicht mehr bestehenden Moosberg bei Murnau. Maßstab ca. 1:2500.

dieser Anlagen war die römische Siedlung auf dem Moosberg im Murnauer Moos, einer Erhebung aus Glaukonitsandstein, die ab 1926 für die Gewinnung von Straßenschotter abgetragen wurde. Der Moosberg existiert heute nicht mehr, an seiner Stelle befindet sich jetzt ein See. Durch Ausgrabungen vor dem Abbau kann jedoch das Aussehen des Moosberges in römischer Zeit annähernd rekonstruiert werden. Von einem mit fünf viereckigen und drei halbrunden Türmen bestücktem Mauerring wurde eine Fläche von etwa 180 x 55 m umschlossen (Abb. 19). Im Inneren befanden sich 10 Holz-

gebäude sowie genügend Platz, um eine größere Anzahl von Vieh aufzunehmen. Etwa 300 Menschen könnten dort, vielleicht nur zeitweise, gewohnt haben. Nach Ausweis der geborgenen Funde wurde der Berg erstmals nach 260 für eineinhalb bis zwei Jahrzehnte aufgesucht, für längere Zeit dann nochmals um die Mitte des 4. Jahrhunderts, vielleicht bis um 400 n. Chr. Es handelte sich bei der Anlage auf dem Moosberg mit Sicherheit um keine militärische Befestigung, sondern um eine zivile Siedlung. Neben Funden von Schmuck- und Trachtbestandteilen sind v. a. die Werkzeug- und Gerätfunde wichtig, die auf die Tätigkeit der Bewohner schließen lassen. Zu Ackerbau und Viehzucht wurden Hacken, Pickel, Sicheln, Mühlsteine, Viehglocken und Wagenbestandteile benötigt. Der Holzbearbeitung dienten Äxte, Hobel, Sägen und Löffelbohrer. Daneben kann anhand der archäologischen Funde Metallverarbeitung sowie Leder- und Stoffverarbeitung nachgewiesen werden. Zahlreich sind auch die Belege für Vieh- und Milchwirtschaft. In einem der verheerenden Germaneneinfälle des 4. Jahrhunderts wird auch die Ansiedlung auf dem Moosberg zerstört worden sein.

Eine römische Zuflucht auch auf der Insel Wörth

Die ältesten beobachteten und sicher datierbaren Bauspuren auf der Insel Wörth sind in römische Zeit zu datieren. Es handelt sich dabei um 0,8–1,2 m breite Reste von Mauerfundamenten, die in Bereichen

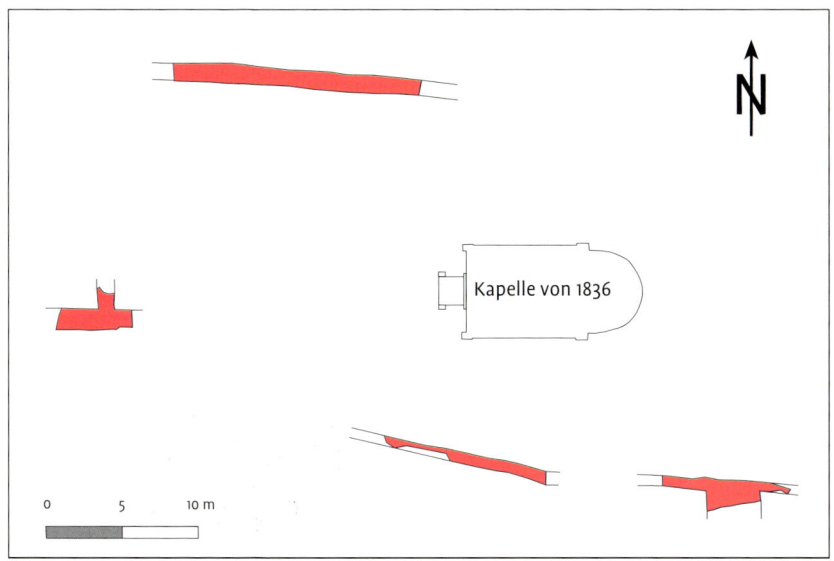

Kapelle von 1836

0   5   10 m

Abb. 20 Nur noch wenige Mauerreste der römischen Befestigung auf der Insel Wörth überstanden die Jahrtausende.

der südlichen und nördlichen Hangkante
des Kirchenhügels nachgewiesen werden
konnten (Abb. 20). Sie stellen den Rest einer Befestigungsmauer um den Kirchenhügel dar. Lediglich am südlichen Ab-
hang war die Mauer z.T. noch in einer
Höhe von bis zu fünf Steinreihen (0,8–
1 m Höhe) erhalten. Das Fundament wurde trocken direkt auf den felsigen Unter-
grund aufgesetzt und die Mauer in Mör-
telbindung unter Verwendung von Tuff-
platten und Geröllsteinen errichtet. Am
südöstlichen Hügeleck verbreitert sich
das Fundament zu einer rechteckigen
Struktur von mindestens 2,2 x 4,6 m, die
äußere Südfront verschwindet allerdings
in der später vor sie gesetzten Friedhofs-

mauer. Das massive Mauerstück kann als
der Rest eines rechteckigen Turmes ge-
deutet werden, eine eventuell ähnliche
Konstruktion kann am südwestlichen Eck
des Kirchenhügels vermutet werden. Die
Befestigungsmauer konnte am Ostabhang
des Kirchenhügels nicht nachgewiesen
werden, der den steilsten Abfall von allen
Seiten hat. Auch bei der spätrömischen
Siedlung auf dem unweit gelegenen
Moosberg war der Steilabfall des Gelän-
des nicht befestigt. Unter Nutzung der
natürlichen Gegebenheiten hatte man
dort den Mauerring nach Westen zu nicht
geschlossen. Analog mag auch am Kirchenhügel der Insel Wörth der Steilabfall
in römischer Zeit nicht befestigt gewesen
sein. Allerdings könnte hier auch das römische Bauwerk der Erosion zum Opfer
gefallen sein. Die römische Mauer querte
den Kirchenhügel vermutlich im Bereich

Abb. 21 Die römischen Mauerreste auf der Insel Wörth sind gekennzeichnet durch schräg oder senkrecht gestellte Geröllsteine.

der späteren Friedhofsmauer. Somit war in römischer Zeit ein Areal von etwa 55 x 25 m umschlossen, eine Fläche von ca. 1400 m². Die Anlage auf der Insel Wörth war demzufolge wesentlich kleiner als die Befestigung am Moosberg, die nahezu einen ganzen Hektar umschloß. Ihr charakteristisches Gepräge erhielt die römische Mauer auf der Insel Wörth durch reihenweise hochkant gestellte Geröllsteine (Abb. 21). Die Befestigung des Kirchenhügels kann aufgrund der analogen Baubefunde am Moosberg wohl in spätrömische Zeit datiert werden, wenn auch bereits Funde der mittleren Kaiserzeit auf der Insel Wörth nachgewiesen sind. Der römische Fundanfall war während der Ausgra-

bungen allerdings derart gering, daß man kaum an eine dauerhafte römische Ansiedlung auf der Insel Wörth glauben mag. Der Kirchenhügel auf der Insel Wörth fügt sich gut in das Bild ähnlicher kleiner ziviler spätantiker Anlagen wie dem Lorenzberg bei Epfach, dem Goldberg bei Türkheim, der Frauenwiese bei Weßling und anderer Örtlichkeiten ein. Allen diesen im 3. und 4. Jahrhundert aufgesuchten Orten ist eine leichte Befestigungsmöglichkeit, wobei manchmal nur an ein oder zwei Seiten Mauern nötig waren, sowie die etwas versteckte Lage abseits einer großen Fernstraße gemein. Typisch und mit den Verhältnissen auf dem Kirchenhügel gut vergleichbar ist auch die eng an das Gelände angepaßte Führung der Befestigung mit ausspringenden viereckigen und/oder halbrunden Türmen. Die Bauten des Innenraums bestanden

Abb. 22 Die ersten Christen auf der Insel. Fresko des Freiherrn von Pechmann in der Kapelle auf der Insel Wörth, 1866.

jeweils aus Holz, die auf der Insel Wörth allerdings nicht nachgewiesen werden konnten. Die geringe Größe des befestigten Areals auf dem Kirchenhügel der Insel Wörth zeigt mit aller Deutlichkeit, daß es sich dabei eher um eine unbedeutende Anlage gehandelt hat. Es war eine kleine Befestigung, die im 4./5. Jahrhundert in Notzeiten einer Bevölkerung Schutz bieten konnte. Mit Sicherheit handelt es sich bei der nachgewiesenen Umfassungsmau-er nicht um die Umwehrung eines spätantiken Bischofssitzes (Abb. 22).

Das Rätsel des Münzschatzes

1850 entdeckte der damalige Inselbesitzer Erzgießer Stiglmaier am Weinstock an der südwestlichen Ecke seines Hauses, das etwa im Bereich des jetzigen Herrenhauses stand, ein Gefäß mit zahlreichen römischen Münzen. Seinen Fund meldete Stiglmaier sofort an den damals frisch gegründeten Historischen Verein von Oberbayern. »... so fand ich mehr wie tausend Römermünzen, sämmtliche von Bronce, aus den Zeiten der Antonier, Cäsars etc.

Abb. 23 Römische Münzen lassen sich sehr exakt zeitlich einordnen, denn sie tragen zumeist
das Porträt des jeweils regierenden Kaisers.
Archäologische Staatssammlung München.

von welchen ich 20 Stück beilege, die ich
bitte, so wie das noch Beiliegende als Ge-
schenk annehmen zu wollen...« (Schreiben H. Stiglmaiers vom 19. Mai 1952 in
den Ortsakten der Prähistorischen Staatssammlung München). Stiglmaier war un-
glaublich freizügig und verschenkte zahlreiche der von ihm gefundenen Münzen,
an jeden Antiquitätenfreund, wie es hieß.

Römische Münzen lassen sich meist sehr
genau datieren, da sie das Abbild des jeweils herrschenden Kaiser tragen, deren
Regierungszeit ja bekannt ist. Sie wurden
häufig in großer Anzahl, als regelrechter
»Münzschatz« in Notzeiten von ihren
antiken Besitzern verborgen, meist um sie
vor einem feindlichem Zugriff zu schützen. Einige Münzschätze lassen sich sogar
in direkten Zusammenhang mit durch
schriftliche Quellen bekannten Germa-
neneinfällen in Zusammenhang bringen.
Entsprechende römische Münzschätze im
weiteren Umfeld des Staffelsees wurden

z. B. bei Bad Kohlgrub oder in Unterpeißenberg gefunden. In Huglfing fand Pfarrer Schlemmer 1817 einen außergewöhnlichen »Münzschatz«: Etwa 100 römische Münzen lagen im kirchlichen Opfergeld, die wohl von Bauern aufgesammelt und in den Opferstock gelegt wurden. Von dem Münzschatz auf der Insel Wörth wurden 793 Münzen von Wissenschaftlern bestimmt. Dabei wurde festgestellt, daß sich mit Sicherheit eine oder mehrere moderne Fälschungen darunter befinden und das Münzspektrum die gesamte römische Kaiserzeit, von Augustus bis Arcadius umfaßt, was bei richtigen Münzschätzen eigentlich nicht vorkommt. Aus diesen Gründen ist anzunehmen, daß der Münzschatz von der Insel Wörth aus verschiedenen Funden zusammengestellt und der Fundort untergeschoben wurde. Nach der oben skizzierten Geschichte aus Huglfing ist es vielleicht auch nicht ganz unmöglich, daß es sich bei dem Stiglmaierschen Römerfund um einen Opferstockfund handelt. Hatte sich der Staffelsee-Pfarrer eines Tages all der für ihn wertlosen römischen Münzen entledigt, die ihm die Schäfchen seiner Gemeinde in den Opferstock geschmuggelt hatten und er selbst hatte einen »Schatzfund« auf der Insel vergraben? Die ungewöhnliche Zusammensetzung des Münzschatzes ließe sich somit durchaus erklären! (Abb. 23)

Nach dem Untergang des römischen Reiches

488 wurden alle römischen Truppen aus der ehemaligen Provinz Raetia II abgezogen. Sie kehrten zurück nach Italien, wo freilich bereits ein Germane zu höchsten Reichsehren aufgestiegen war. Der Germane Odoaker vom Stamme der Skiren hatte 476 den letzten weströmischen Kaiser abgesetzt und selbst die Regierung übernommen. Wenig später übernahmen die in der Völkerwanderungszeit nach Italien gelangten germanischen Ostgoten die Herrschaft über das ehemalige Kernland des Römischen Reiches. Freilich blieben sie immer in Abhängigkeit vom oströmischen Kaisertum mit Sitz in Konstantinopel (heute Istanbul), das sich 395 n. Chr. vom Westreich abgespalten hatte. Der Ostgotenkönig Theoderich der Große, der als Dietrich von Bern (=Verona) in die germanische Heldensage eingegangen ist und seine Nachfolger waren bis zum Jahre 536 die Herrscher über die ehemalige Provinz *Raetia II*, zu der das bayerische Voralpenland gehörte. In diesem Jahr mußte der Gotenkönig seine Herrschaftsansprüche an den germanischen Stamm abtreten, der als der stärkste aus der Völkerwanderungszeit hervorgegangen war und die nächsten vier Jahrhunderte in Mitteleuropa prägen sollte: die Franken.

4.
Zur Zeit der ersten Bajuwaren

Neue Herren im Land

Im frühen Mittelalter, dem 5.–8. Jahrhundert n. Chr., entstanden zahlreiche Strukturen unserer heutigen Zeit. Mit dem frühen Mittelalter begegnen wir einer Welt, aus der uns kaum zeitgenössische Schriftquellen als vielmehr zahlreiche Mythen und Sagen berichten, die zunächst nur mündlich überliefert und erst ab dem hohen Mittelalter niedergeschrieben wurden.

Die nach dem Zusammenbruch der römischen Herrschaft in Süddeutschland landnehmenden germanischen Stämme haben die Grundlagen für die stammesmäßige Dreigliederung des heutigen Bayern gelegt. Ihre Siedlungsgebiete sind heute noch im Freistaat ausmachbar: in Altbayern die Bajuwaren, in den fränkischen Regierungsbezirken die Franken und Thüringer und im heutigen Bayerisch-Schwaben die Alamannen. Die Geschichte der Alamannen und Franken läßt sich nach den Schriftquellen bis in die Spätantike zurückverfolgen – die Bajuwaren werden dagegen erst im 6. Jahrhundert erstmals erwähnt. Der Schriftsteller Jordanes bezeichnet in seiner Geschichte der Gotenkriege 511 n. Chr. die Bajuwaren als östliche Nachbarn der

Schwaben (= Alamannen):»... Jenes Land der Schwaben hat nämlich im Osten die Baiuwaren, im Westen die Franken, im Süden die Burgunder und im Norden die Thüringer zu Nachbarn...«. Kurze Zeit später, um 565, erfahren wir von dem Dichter Venantius Fortunatus, daß man, von Westen kommend, nach Überschreiten des Lechs im Land der Baiern angekommen ist:»...Wenn dir das Überschreiten der Barbarenströme gestattet wird, so daß du ruhig über Rhein und Donau gehen kannst, so gelangst du nach Augsburg, wo Wertach und Lech fließen. Dort wirst du die Gebeine der heiligen Märtyrerin Afra verehren. Wenn die Straße offen ist und dir nicht der Baier entgegentritt, so ziehe dort durch das Gebirge...«
In der Forschung herrscht bislang keine Einigkeit über die Herkunft der Bajuwaren. Als sicher kann gelten, daß der Name »Bajuwaren« sich von »Baio-varii« ableitet, was soviel bedeutet wie »Männer aus Baia«. Wo sich das Land »Baia« befindet ist jedoch heftig umstritten. Als sicher kann auch gelten, daß die Bajuwaren nicht in einem geschlossenen Treck ein gewandert sind. Eher ist es so, daß sich im heutigen Altbayern viele germanische Stammesgruppen unterschiedlichster

FRANKEN

SLAWEN

Naab

Regen

● Regensburg

Donau

Isar

AWAREN

Lech

Inn

ALAMANNEN

Enns

Salzach

Mur

Drau

60 km

LANGOBARDEN

▨ Stammesherzogtum

········· heutige Staatsgrenzen

Abb. 24 Das Land der Bajuwaren.

Herkunft mit bereits früher Zugewanderten und Einheimischen unter einer neuen politischen Herrschaft zusammenfanden und zum Stamm der Bajuwaren wurden (Abb. 24). Von der übriggebliebenen römischen Bevölkerung zeugen heute noch Ortsnamen, wie z. B. die Bezeichnung des unweit gelegenen *Walchensees*, der von einer *welschen* Bevölkerung kündet.

Gräber – Fundgruben der Archäologen
Nahezu alle Funde, die der Archäologie für diese Epoche zur Verfügung stehen, stammen aus Gräbern. Gleichzeitige Siedlungen sind bislang wenig erforscht, da die Gebäude dieser Zeit lediglich aus Holz bestanden und deren Überbleibsel, dunkle Verfärbungen im Boden, bei Bau- und Ackerarbeiten weniger häufig entdeckt werden als die großen Ortsfriedhöfe dieser Zeit mit ihren auffallenden Skelettresten und Grabbeigaben. Hinzu kommt, daß die meisten Siedlungen dieser Zeit in unseren heutigen Ortschaften aufgegangen sind und somit bereits seit dem Mittelalter aufgrund zahlreicher Baumaßnahmen in den alten Ortskernen zerstört worden sein dürften. Die spektakulären

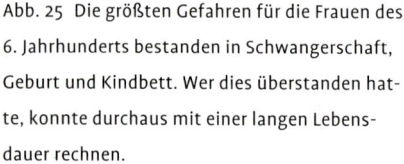

Abb. 25 Die größten Gefahren für die Frauen des 6. Jahrhunderts bestanden in Schwangerschaft, Geburt und Kindbett. Wer dies überstanden hatte, konnte durchaus mit einer langen Lebensdauer rechnen.

Abb. 26 So stellt man sich heute einen Bajuwaren des 7. Jahrhunderts vor.

Funde, die wir aus dem frühen Mittelalter kennen, hat man allein einem außergewöhnlichen Bestattungsbrauch zu verdanken: Man bestattete die Toten in Holzsärgen auf Friedhöfen mit in Reihen angeordneten Gräbern, ganz ähnlich unseren heutigen, wobei die Köpfe der Verstorbenen immer im Westen zu liegen kamen. Die Toten stattete man mit all dem aus, was man für ein Leben nach dem Tod für unabdingbar hielt. Den Männern folgten ihre Waffen, den Frauen ihre Schmuckstücke und Trachtbestandteile, beiden zudem ihr tägliches Arbeitsgerät und zumeist noch eine Wegzehrung für den Weg in die Ewigkeit. Die Friedhöfe wurden außerhalb der Siedlungen in einer Entfernung von maximal 500 m angelegt, so daß man aus der Lage der Friedhöfe auch auf die der Siedlungen schließen kann.

Dirndl und Krachlederne – einige Klischees

»...Wurstesser und Biertrinker, unexaminierte Naturmenschen voll wirklichen Charmes...«, so umschreibt Theodor Fontane gegen Ende des 19. Jahrhunderts aus norddeutscher Sicht die Bayern. Die Bewohner kaum eines anderen Bundeslandes werden mit soviel Vorurteilen betrachtet und mit so vielen Klischees überhäuft wie die Einwohner des südlichsten Freistaates – und nur wenige beharren so auf ihnen wie die Bayern! Zahlreiche der

Abb. 27 Auf den ersten Blick unscheinbar wirkt eine der großen Kostbarkeiten der Archäologischen Staatssammlung: Aufgrund günstiger Umstände hatte sich in einem Steinsarkophag aus Wielenbach (Lkr. Weilheim – Schongau) der Überrest eines Lederschuhs aus dem 7. Jahrhundert n. Chr. erhalten.

allgemein als »typisch bayerisch« und »uralt« angesehenen Sitten, wie das Schuhplatteln, Fingerhakeln, Jodeln oder Haberfeldtreiben sind freilich erst im 18. oder gar erst im 19. Jahrhundert entstanden, sind – aus archäologischer Sicht – also sehr modern! Auch die typisch bayerischen Trachten, die anlaß- und sozialgebunden getragen wurden und werden, entstanden im allgemeinen erst im 18. Jahrhundert.

Eine Rekonstruktion der Kleidung der ersten Bajuwaren im frühen Mittelalter ist schwierig, da sich größere Mengen an Stoff in den Gräbern dieser Zeit nicht erhalten haben und seltene bildliche Darstellungen kaum Details erkennen lassen. Metallobjekte, die unmittelbar zur Kleidung gehörten und deren Lage im Grab erlauben jedoch einige Aussagen, ebenso wie Stoff- und Lederreste, die sich in Zusammenhang mit Metall im Boden erhalten haben. Demnach trugen die frühen Bajuwarinnen nun kein Dirndl, sondern über dem Untergewand ein Kleid im heutigen Sinne mit Halsausschnitt und kurzen, weiten Ärmeln, darüber einen capeartigen Mantel. Auf den Kopf setzte man einen Kopfputz in Gestalt einer Haube, eines Kopftuches oder eines Schleiers, dessen genaues Aussehen noch fraglich bleiben muss (Abb. 25). Die Männer kleideten sich in ein knielanges Gewand aus Leinen oder Wolle, das mit einem Gürtel zusammengehalten wurde, über einer langen Hose, die nicht aus Leder, sondern zumeist aus Leinen bestand (Abb. 26). Anstelle von Strümpfen im heutigen Sinn wickelten Männer wie Frauen Tücher aus Wolle oder Leinen um die Beine, die mit Lederriemen fixiert wurden. Stiefel waren ebenso bekannt wie Lederschuhe, die im Aussehen unseren heutigen Halbschuhen nahekommen (Abb. 27).

Abb. 28 Spatha, Sax, Lanze, Pfeile und Schild gehörten zur Ausrüstung eines bajuwarischen Kriegers. Archäologische Staatssammlung München.

Die ersten Bajuwaren waren nicht wesentlich kleiner als die heutigen Einwohner des Freistaates Bayern, die Männer maßen im Durchschnitt 1,70 m, die Frauen 1,60 m. Sie würden in moderner Kleidung heute niemandem als »besonders« auffallen. Das erreichte Durchschnittsalter war aber deutlich niedriger als heute und lag bei nur 28 Jahren. Dabei handelt es sich jedoch um einen statistischen Wert, der vor allem durch die damals hohe Kindersterblichkeit erzielt wird. Wer im frühen Mittelalter die gefährliche Zeit als Baby und Kleinkind überstanden hatte, hatte durchaus die Chance, ein gesetztes Alter zu erreichen und wesentlich älter als 28 Jahre zu werden.

Die Waffen der Männer

Die vornehmste Waffe des bajuwarischen Kriegers war das zweischneidige Langschwert aus Eisen, die »Spatha« (Abb. 28). Lediglich einem kleinen Kreis Privilegierter war diese Waffe vorbehalten. Die Griffe dieser Schwerter bestanden aus organischem Material, die Klingen waren erstrangige Zeugnisse einer hochentwickelten Waffenschmiedekunst. Getragen wurden die Spathen an einem gesonderten Wehrgurt in einer fellgefütterten Scheide aus Holz. Die zweite Schwertform des frühen Mittelalters wird als »Sax« bezeichnet. Unter diesem Begriff werden Schwerter unterschiedlichsten Erscheinungsbildes zusammengefaßt, die als gemeinsames Merkmal die Bildung einer einzigen Schneide haben. Der Sax, den man sich ebenfalls mit einem Griff aus organischem Material vorstellen darf, wurde in einer Holz- oder Lederscheide steckend direkt am Gürtel getragen. Als Fernwaffen begegnen die Lanze sowie Pfeil und Bogen. Freilich sind zumeist nur die Waffen bzw. die Waffenbestandteile erhalten, die aus nicht-organischem, unverrottbarem Material bestehen. So bleiben uns nur die eiserne Lanzen- oder Pfeilspitze, nicht aber die Lanze oder der Pfeil an sich erhalten. Reine Holzwaffen, wie Keulen oder Holzlanzen mit im Feuer gehärteten Spitzen sind deshalb im archäologischen Fundmaterial nur sehr selten vertreten. Besonders betrifft dies die Defensivwaffen. Vom hölzernen, mit Leder bespannten Rundschild bleibt zumeist nur der eiserne Handschutz, der »Schildbuckel«, im Boden erhalten. Die Schutzbekleidung, wie Helm oder Panzer, bestand nur in Ausnahmefällen aus Eisen, im Normalfall dagegen aus Leder oder gestärktem Leinen. Neben den Waffen sind die metallenen, häufig reich verzierten Gürtelbesätze die auffallendsten Objekte in Männer-

gräbern des frühen Mittelalters. Das Wehrgehänge für die Spatha war nur vornehmen Kriegern vorbehalten, während nahezu jeder Mann über einen Leibgürtel verfügte, an dem der Sax getragen werden konnte. Nach wenigen erhalten gebliebenen Lederresten darf man sich diese Gürtel durchaus als komplizierte, hochwertige Lederarbeiten vorstellen. Metallene Besätze dieser Gürtel kennen wir in zahlreichen Varianten. In der 1. Hälfte des 7. Jahrhunderts kommt bei Bajuwaren und Alamannen eine aufwendige Gürteltracht in Mode, der sog. »vielteilige Gürtel«. Der Ledergürtel wird mit einer Schnalle geschlossen und auf dem Hauptgurt, der um den Leib herumführt, sitzt eine ganze Reihe von Besätzen aus Metall, von denen kurze Lederriemen senkrecht herabhängen, die an ihrem Ende jeweils eine metallene Endversteifung, sog. Riemenzungen, tragen.

Schmuck und Tracht der Frauen

Im frühen Mittelalter besaß nahezu jede Frau einen Schmuck aus Glasperlen unterschiedlichster Farbgebung und von großer Formenvielfalt, der ihr, als Kette getragen oder als Gewandbesatz aufgenäht ins Grab folgte (Abb. 29). Der obersten Gesellschaftsschicht vorbehalten waren dagegen Metallnadeln als Verschluß eines Schleiers oder Kopftuches, sowie Ringschmuck für Arm und Finger aus Edelmetall. Der Frauenmantel wurde von vornehmen Frauen im 6. Jahrhundert mit zwei und im 7. Jahrhundert nur noch mit einer Sicherheitsnadel aus Metall (=Fibel)

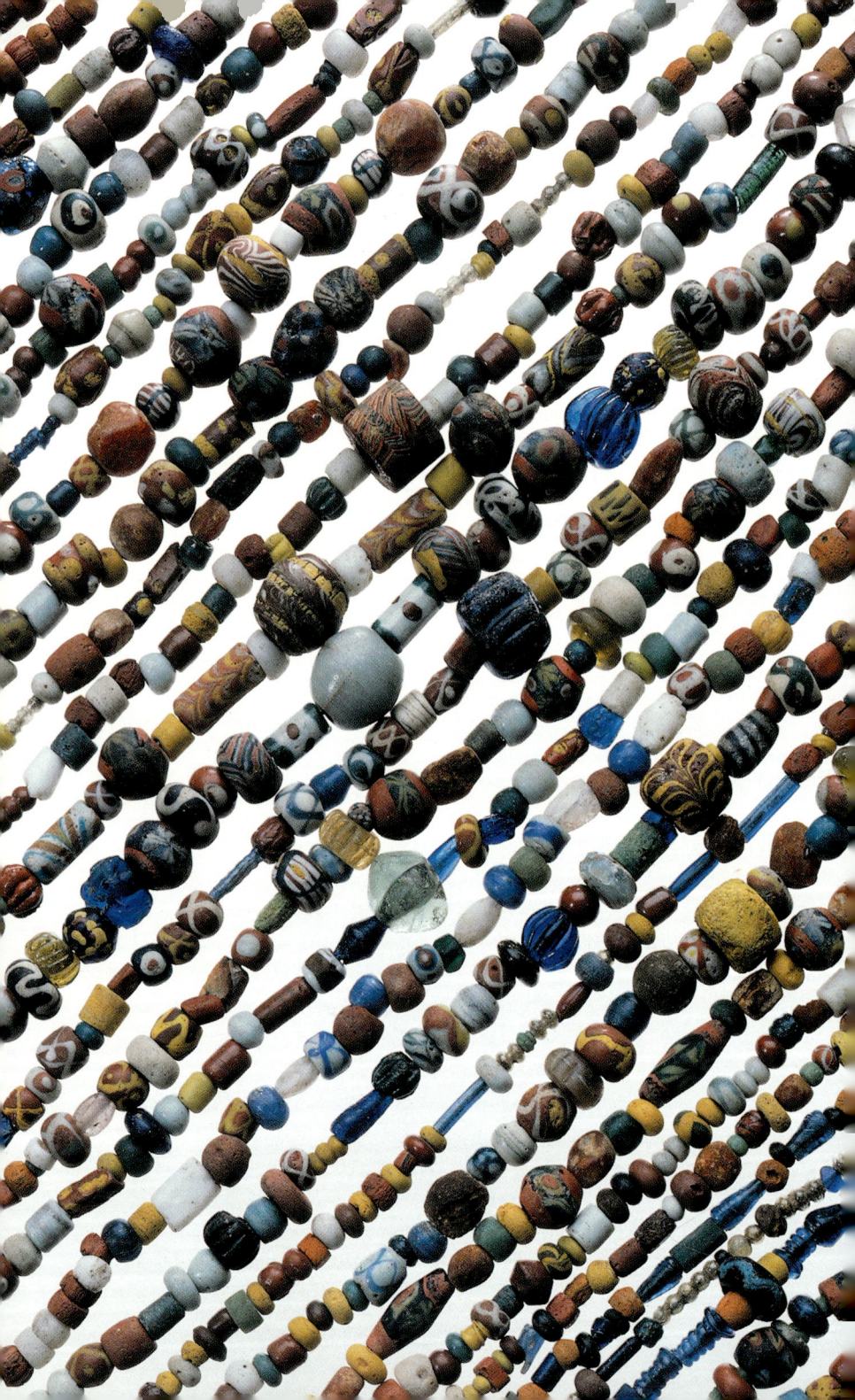

Abb. 30 Mit derartigen Broschen verschlossen die Frauen des frühen Mittelalters ihren Mantel. Archäologische Staatssammlung München.

Abb. 31 Nur einem geringen Prozentsatz der weiblichen Bevölkerung waren Bügelfibeln aus vergoldetem Silber wie diese vorbehalten. Archäologische Staatssammlung München.

verschlossen, die ein beliebter Schmuckträger wurde. Es gibt sie in unterschiedlichster Form: rund, in S-Form oder in Tiergestalt (Abb. 30). Zumeist besteht sie aus vergoldetem Silber, häufig ist sie noch mit Glas- oder Granateinlagen verziert. Unter dem Mantel, der im Gegensatz zu unserem heutigen Verständnis von Mantel durchaus aus einem leichten Stoff bestehen konnte, trugen die Damen des frühen Mittelalters ein Kleid mit kurzen,

Abb. 29 Fast wie heutiger Modeschmuck im Ethno-Stil wirken die aus buntem Glas hergestellten Perlen des frühen Mittelalters. Archäologische Staatssammlung München.

weiten Ärmeln, das in der Taille oder auf der Hüfte gegürtet war. Bis in das späte 6. Jahrhundert findet sich in Zusammenhang mit diesem Kleidungsstück ein zweites Fibelpaar, das deutlich größer als die oben erwähnten Mantelverschlüsse ist (Abb. 31). Als Bestandteil ihrer Trachtausstattung trugen zahlreiche Frauen des frühen Mittelalters ein »Gehänge«: Von dem um die Taille gegürteten Leibgürtel ging ein Lederriemen an der linken Seite oder vorne in der Mitte ab, an dem in Oberschenkel- bis Wadenhöhe die unterschiedlichsten Gegenstände getragen werden konnten. Neben Nutzgegenständen,

Abb. 32 Am Gürtelgehänge wurden von den Frauen amulettwertige Gegenstände wie diese getragen. Archäologische Staatssammlung München.

wie Täschchen, Kämmen, Scheren und Messern, finden sich hier auch häufig zahlreiche Amulette unterschiedlichster Form und Gestalt (Abb. 32).

Wie die Bajuwaren wohnten

Zahlreiche unserer heutigen Ortschaften in Altbayern gehen, wie oben bereits erwähnt, auf Siedlungen der ersten Bajuwaren zurück. Häufig geben sie sich bereits durch ihren Namen zu erkennen, der auf -ing oder -ingen endet. Das Bestimmungswort ist dabei oft ein Personenname, z. B. der eines Anführers. Uffing bedeutet demnach »die Siedlung bei den Leuten des Uffilo« oder Egling »bei den Leuten des Egilo«. Die Siedlungen der Bajuwaren bestanden zumeist aus zehn bis zwanzig Gebäuden, waren also von der Größe her in etwa unseren heutigen Weilern vergleichbar. Man kannte Wohnhäuser, Scheunen und Stallungen sowie unterschiedliche Formen von Speicher- und Vorratsbauten. Alle diese Häuser waren Holzhäuser, die Wände bestanden aus zusammengefügten Holzbrettern oder Flechtwerk, das mit Lehm abgedichtet wurde. Die nicht in einzelne Zimmer unterteilten Innenräume der Wohnhäuser dürfen wir uns mit Recht als zugig und durch ein innen brennendes Herdfeuer als ständig verräuchert vorstellen. Das Haus war in der damaligen Zeit eine *Mobilie*, eine bewegliche Habe, deren Holzgerüst leicht ab- und wieder aufgebaut werden konnte. Auf den Feldern baute man vor allem Mischgetreide wie Roggen, Gerste und Hafer an. Auch der Flachs hatte als Rohstoff für die Kleidungsherstellung eine große Bedeutung. Jeder Hof besaß zudem einen Gemüse- und Obstgarten. Der Ochse galt als das wichtigste Arbeitstier, mit dem das Feld bestellt wurde. An Nutztieren kannte man außerdem Schweine, Schafe und Ziegen, Gänse, Enten und Hühner. Alle diese Tiere muß man sich wesentlich niedriger und kleiner als die heutigen vorstellen.

Im Schatten der fränkischen Macht

Der erste Herzog der Bajuwaren, den wir kennen, hieß Garibald I. und lebte um 555 n. Chr. Wahrscheinlich war er ein hoher fränkischer Adeliger, der vom Frankenkönig an der Ostgrenze seines Reiches als Herzog eingesetzt worden war. Trotz ihrer nominellen Zugehörigkeit zum fränkischen Reich fühlten sich die Bajuwaren jedoch bald von den Frankenkönigen unabhängig, die weit von ihnen in dem Land, das heute noch ihren Namen trägt, eben in Frankreich, residierten. In den folgenden Jahrhunderten kommt es deshalb immer wieder zu Auseinandersetzungen zwischen Bajuwaren und Franken, die 788 für den bajuwarischen Herzog tragisch enden sollten. Die »Hauptstadt« der Bajuwaren, d. h. der Regierungssitz ihrer Herzöge war weitgehend Regensburg, das 179 n. Chr. als römisches Legionslager gegründet worden war. Die mächtige römische Lagermauer mit 30 Wehrtürmen, die ein Areal von 540 x 450 m schützte, muß auch 600 Jahre nach ihrer Errichtung noch eindrucksvoll gewesen sein. Der Bischof Arbeo von Freising gibt uns im 8. Jahrhundert eine Beschreibung von Regensburg, die deutlich macht, warum sich wohl die bajuwarischen Herzöge hier ansiedelten: »... Die Stadt, nämlich Regensburg, war uneinnehmbar aus Quadern erbaut, mit hochragenden Türmen, und mit Brunnen reichlich versehen...«.

Von Agilolfingern, Huosi und normalen Menschen

Ein erstes bayerisches Gesetz, die »Lex Baiuvariorum« erhielt im 7./8. Jahrhundert seine endgültige Fassung. Danach gab es im frühmittelalterlichen Altbayern mehrere Stände, in die ein jeder hineingeboren wurde. An der Spitze standen die Adeligen, die bedeutendsten unter ihnen waren die Familien der *Huosi, Drozza, Fagana, Hahilinga* und *Anniona*, welchen große Sonderrechte eingeräumt wurden. Unter ihnen standen die gewöhnlichen »Freien«, zumeist einfache Bauern, die im Krieg Waffendienst zu leisten hatten sowie schließlich die Freigelassenen und unfreien Knechte. Diese waren an die Scholle gebunden und ihrem Herrn auf Gedeih und Verderb ausgeliefert. Sie konnten nach Belieben verkauft und gekauft werden. Über alle herrschte der Herzog, der immer aus der Familie der Agilolfinger sein mußte. Nach dem Gesetz der Bajuwaren durfte er weder »blind« noch »taub« sein und mußte die »Waffen kraftvoll führen« können. Auch in den frühmittelalterlichen Gräbern können wir anhand des beigegebenen Materials deutliche Besitzabstufungen ausmachen. Dabei ist es jedoch außerordentlich schwierig, Zusammenhänge zwischen den Besitzstandsabstufungen und den historisch überlieferten Ständen zu erkennen. In wenigen Fällen erlaubt es jedoch der Reichtum einer Grabausstattung, von der Grablege eines Adeligen zu sprechen. (Vgl. S. 60 Abb. 36).

Heiden und Christen

Seit dem 24. Februar 391 war das Christentum per Dekret des Kaisers Theodosius I., den die Geschichtsschreibung deswegen den »Großen« nennt, im Römischen Reich Staatsreligion. Dies galt auch für die Teile Bayerns, die während der Römerherrschaft zu den Provinzen Rätien und Noricum gehören. Archäologische wie historische Nachrichten zum Christentum in diesem Gebiet sind allerdings spärlich gesät. Der Abzug der römischen Truppen zu Beginn des 5. Jahrhunderts bedeutete größtenteils das Ende der christlichen Gemeinden. Eine Kontinuität des christlichen Kultes war wohl fast nur in den Städten wie Regensburg oder Augsburg gewährleistet. Die nach dem Abzug der Römer neuen germanischen Herren im Land – Alamannen, Bajuwaren und Franken – waren Heiden. Im 6. Jahrhundert setzte sich bei den Angehörigen der bajuwarischen Oberschicht der christliche Glaube durch. Herzog und Adelsgeschlechter förderten die Ausbreitung der christlichen Lehre. Der erste, von den Franken um die Mitte des 6. Jahrhunderts eingesetzte bajuwarische Herzog Garibald war mit einiger Sicherheit Christ, seine Tochter Theodolinde, die zur Königin der Langobarden werden sollte, bekannte sich zum katholischen Glauben. Im 7. Jahrhundert war der christliche Glaube schon verbreitet, wie Objekte mit christlichen Verzierungsmotiven nahelegen. Allerdings hielt sich wohl auch noch lange Zeit eine vermischt christlich-heidnische Glaubenshaltung.

Unzweifelhafter Ausdruck des Christentums in frühmittelalterlichen Gräbern sind aus hauchdünnem Goldblech geschnittene Kreuzchen, welche, auf einem Schleier aufgenäht, dem Verstorbenen auf Gesicht oder Körper gelegt wurden (Abb. 33). Diese Goldblattkreuze waren reine Objekte des Totenkultes und wurden erst unmittelbar vor den Beisetzungsfeierlichkeiten angefertigt. Etwa zu dem gleichen Zeitpunkt im 7. Jahrhundert, zu dem Goldblattkreuze üblich wurden, begann man mit der Errichtung von ersten kleinen Kirchen auf den Gräberfeldern. Mit dem Durchsetzen der kirchlichen Organisation in der 2. Hälfte des 7. Jahrhunderts be-

Abb. 33 Aus hauchdünnem Goldblech geschnit-
ten wurden die nur für das Totenzeremoniell
verwendeten Goldblattkreuze wie dieses
Exemplar aus Spötting (Lkr. Landsberg /L.).
Archäologische Staatssammlung München.

gann der Bau von Kirchen, die sich nicht
mehr auf dem Areal des »alten« Friedhofs
befanden, sondern im Siedlungszentrum.
Um diese neuen Dorfkirchen bestattete
sodann die Bevölkerung ihre Toten.
Dieses Dorfbild mit zentraler Kirche und
zugehörigem Kirchhof ist auch heute
noch für zahlreiche Ortschaften charakte-
ristisch.

Eine Kirche aus Stein

In einer Welt, die fast nur Holzhäuser
kennt, ist ein Steinbau eine Besonderheit,
der andere, spezielle Kenntnisse für Auf-
bau und Konstruktion braucht. Ein Steinbau ist auch keine »Mobilie« im oben genannten Sinne, sondern er soll, einmal an
einem Ort errichtet, für möglichst lange
Zeit ohne Veränderung dort fortbestehen.
Aus diesem Grund verwundert es nicht,
daß die ältesten Steingebäude des Mittelalters, die wir kennen, Kirchen sind. Auch
auf der Insel Wörth konnten wir als Überreste des ältesten kirchlichen Bauwerks
Steinfundamente freilegen. Sie gehörten
zu einem kleinen, etwa 10 m langen und

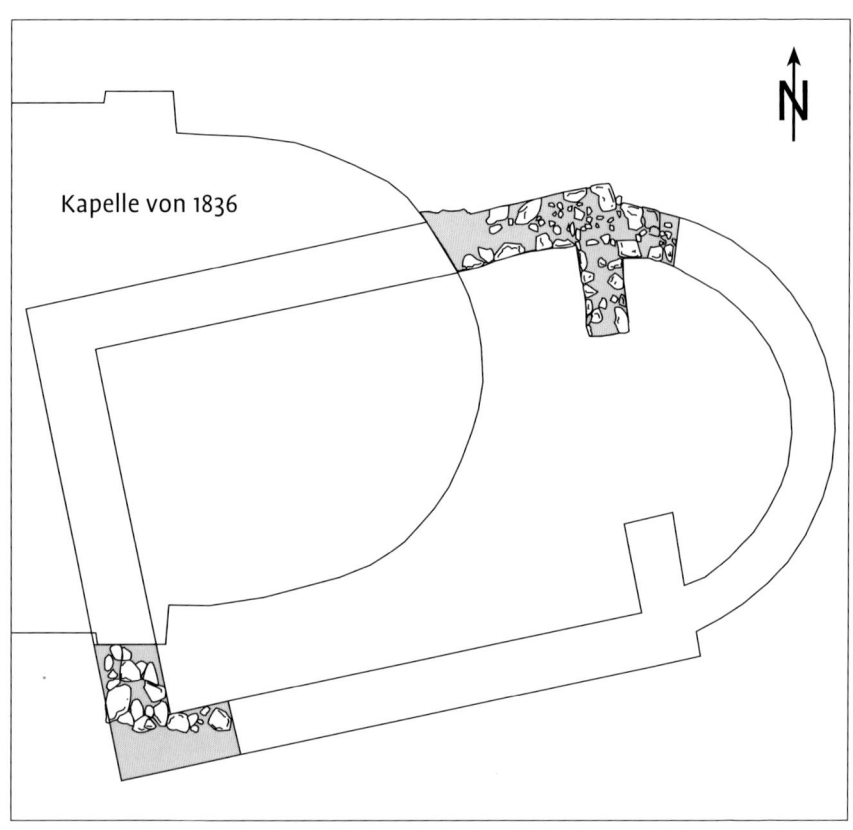

Kapelle von 1836

N

Abb. 34 Grundriß der Kirche I von der Insel
Wörth im Staffelsee. Maßstab 1:100.

6 m breiten Kirchenbaus (Kirche I) mit einer halbrunden Apsis im Osten (Abb. 34). Erhalten war das südwestliche Mauereck sowie der östliche Teil der nördlichen Längsmauer mit dem Apsisansatz. Eine Steinzunge ragte am Apsiseinsatz in den Innenraum hinein, die im Aufgehenden einen Dachbalken trug. Die 60–70 cm breiten, aus Geröllsteinen bestehenden Mauern sind mit einem gelblichen, stark sandigen Mörtel zusammengefügt. Es

waren von der direkt auf dem Nagelfluh aufsitzenden Mauer noch maximal vier Steinreihen übereinander erhalten. An die dritte Steinreihe von unten band in einigen Bereichen noch ein Kalkmörtelestrich mit durch Ziegelmehl rot eingefärbter Oberfläche an. Am über dem Estrich aufragenden Mauerwerk waren außen und innen noch Spuren eines gelblichweißen Verputzes zu erkennen, ein deutlicher Hinweis darauf, daß es sich bei dem Kirchenbau um ein vollständig aus Stein errichtetes Gebäude und keinen Holzständerbau auf einem Steinsockel handelte

Abb. 35 So darf man sich die Kirche I im 7. Jahrhundert auf der Insel Wörth vorstellen.

(Abb. 35). Große Teile der Fundamente wurden durch gotische und neuzeitliche Baumaßnahmen zerstört, weniger beeinträchtigend waren dagegen die Baumaßnahmen der Karolingerzeit (dazu s. unten), in deren Folge die Mauern der Kirche I gekappt und z. T. von einem zweiten Kalkmörtelestrich mit roter Oberfläche überdeckt wurden. Für die zeitliche Einordnung der Kirche I gibt eine unter dem Estrich geborgene Glasperle, wie wir sie aus den Frauengräbern des frühen Mittelalters kennen (vgl. S. 52 Abb. 29), den sichersten Anhaltspunkt. Ihre besondere Form und Verzierungsweise kommt erst im 7. Jahrhundert n. Chr. vor.

Die kleine Kirche stand im 7. Jahrhundert nun nicht alleine auf der Insel Wörth. Wir haben Anhaltspunkte dafür, daß sich in der Nähe der Kirche noch andere Gebäude befunden haben, die vielleicht ehemals zu einem größeren Hof gehört haben. Im Umfeld der kleinen Kirche hatte man Tote begraben. Etwa 10 m westlich der Kirchenwestmauer wurden die Überreste einer schlecht erhaltenen weiblichen Bestattung mit parallel zum Körper liegenden Armen, die in eine künstlich ausgeschlagene Nagelfluhrinne gebettet war, geborgen. Von den Beigaben dieses Grabes blieben als Rest eines zwischen den Beinen getragenen Gürtelgehänges mehrere Bronze- und Eisenfragmente sowie das Fragment eines dunkelblauen keltischen Glasarmrings erhalten. Auch unter den Menschen des frühen Mittelal-

ters gab es schon eine Art Antiquitäten-sammlerinnen: Reste von blauen kelti-schen Glasarmringen, die man schon im 6./7. Jahrhundert n. Chr. auf Äckern auf-lesen konnte, finden sich häufig an den frühmittelalterlichen Gürtelgehängen. Möglicherweise hängt die Bevorzugung der blauen Gläser mit der magischen Wir-kung der Farbe Blau zusammen, der man auch heute noch im Orient eine unheilab-wehrende Wirkung zuschreibt.

Reiche Leute am Ammersee
Die Kirche I von der Insel Wörth findet ihr ähnlichstes Vergleichsstück im etwa 36 km Luftlinie entfernten Herrsching am Ammersee. Dort wurden vom Bayeri-schen Landesamt für Denkmalpflege un-ter der Leitung von Dr. E. Keller die Über-reste von zwei Kirchen ausgegraben, von denen die jüngere in ihrem Grundriß und ihrer Größe der Kirche I vom Staffelsee frappierend ähnlich sieht. Auch sie ist aus Stein gebaut, mit einem halbrunden Chorabschluß und einer Größe von etwa 10 auf 6 m. Sie wurde nach den dortigen Grabungsbefunden ebenfalls in der 2. Hälfte des 7. Jahrhunderts errichtet. Diese Steinkirche von Herrsching am Ammer-see war der Mittelpunkt eines kleinen Friedhofes einer wohlhabenden Familie. Der Reichtum der dort geborgenen Grä-

Abb. 36 Als kostbares Exportstück gelangte im 7. Jahrhundert eine aus vergoldetem Silber bestehende Gürtelverzierung aus Oberitalien nach Herrsching am Ammersee. Archäologische Staatssammlung München.

ber zeigt uns, daß die dort bestattete Fa-milie ehemals im Rang direkt unterhalb des bajuwarischen Herzogs gestanden haben mag. Möglicherweise ist sie mit einem der fünf großen bajuwarischen Adelsgeschlechter, den »Huosi« zu identi-fizieren, die ja auch bei der Gründung des Klosters Benediktbeuern eine bestimmen-de Rolle gespielt haben. In einem der Grä-ber wurde die prächtige, aus vergoldetem Silber bestehende Verzierung eines Gürtels aus dem 7. Jahrhundert gefunden (Abb. 36), der vermutlich in einer lango-bardischen oder romanischen Werkstatt in Oberitalien angefertigt wurde.

Und danach...
Zusammenfassend läßt sich sagen, daß sich spätestens seit dem Ende des 6. Jahr-hunderts auf der Insel Wörth eine baju-warische Begräbnisstätte befand, die ab dem 7. Jahrhundert mit einem steinernen Kirchenbau ausgestattet war. Weitere Bauspuren lassen den Schluß zu, daß die Begräbnisstätte zu einem Gehöft gehörte, als dessen Besitzer vielleicht – wie in Herrsching am Ammersee – die hochade-lige Familie der *Huosi* benannt werden kann. Die Mauer der römischen Befesti-gung hatte im 6. und 7. Jahrhundert, zu-mindest am Südhang des Hügels, noch Bestand. Im 8. Jahrhundert wurde die Kirche I und andere, mit ihr zeitgleiche Gebäude für den Bau einer größeren An-lage abgetragen. Gleichzeitig wurde der in Rippen anstehende Nagelfluh auf der Kuppe des Kirchenhügels zu einer ebe-nen Fläche abgearbeitet.

5.
Das Kloster der Karolingerzeit

Agilolfinger, Merowinger, Karolinger
Die Periode des frühen Mittelalters wird
unterteilt und benannt nach dem jeweils
regierenden Herrscherhaus. 482 hatte
Chlodwig aus der Familie der *Merowinger*
die Herrschaft über das Frankenreich angetreten. In der nach dieser Familie be-
nannten *Merowingerzeit* eroberten sich
die Frankenkönige mit größter Skrupello-
sigkeit ein riesiges Reich. Im 7. Jahrhundert ging die Macht vom Merowinger-
könig allerdings langsam auf den Spitzen-
beamten des Reiches, den »Hausmeier«
über. Seit dem Beginn des 8. Jahrhunderts
wurde dieser von der Familie der Pippi-
niden gestellt. Pippin der Jüngere
(741–768) richtete schließlich eine Anfra-
ge an den römischen Bischof, ob es gut
sei, daß der Frankenkönig keine Macht
habe. Nach der Antwort, daß es nämlich
der König sein solle, der die tatsächliche
Macht innehabe, wurde Pippin 751 zum
König der Franken. Das »neue« Königsge-
schlecht benennt man heute freilich nach
einem Sohn Pippins, der als Karl der
Große das bedeutendste Mitglied der
Familie der *Karolinger* wurde. In Bayern
herrscht spätestens seit der Mitte des
6. Jahrhunderts das Herzogsgeschlecht
der *Agilolfinger*, die sich immer wieder

um eine Unabhängigkeit von den karolingischen Frankenkönigen bemühten. Der
letzte Agilolfingerherzog, Tassilo III., wurde 788 schließlich von Karl dem Großen
abgesetzt.

Umweltbedingungen
Die Bevölkerung der Karolingerzeit war
weitgehend agrarisch strukturiert und
lebte von Ackerbau und Viehzucht. Die
Ansiedlungen waren zumeist von einem
dichten, unwirtlichen Wald umgeben, wo
wilde Tiere wie Bären, Wildschweine, die
besonders gefürchteten Wölfe und vielleicht noch andere Wesen hausten, die
auch der christliche Glaube nicht ganz
ausrotten konnte. Tägliche harte körper-
liche Arbeit und das Wohnen in dunklen,
zugigen, schlecht beheizbaren und ständig verräucherten Holzhäusern griffen
die Gesundheit an. Medizinische Versorgung konnte nur in kleinem Umfang von
den Klöstern geleistet werden. Heute ba-
nal erscheinende Krankheiten oder Unfäl-
le konnten lebenslange Behinderung oder
gar den Tod bedeuten. Der Krieg wie auch
die Angst vor Überfällen war allgegen-
wärtig, das Leben war zudem ständig von
Hungersnöten und Seuchen bedroht. Die
Lebenserwartung war, verglichen mit

heute, nicht sehr hoch. In fortgeschrittenem Alter verstarben die karolingischen Herrscher Karl der Kahle mit 54 und Ludwig der Fromme mit 62 Jahren. Ein wahrhaft biblisches Alter erreichte Karl der Große mit 67 Jahren, von dem die Schriftquellen auch staunend vermerken, daß er zeit seines Lebens nie krank gewesen sei. Dieses Alter erreichten die normalen Sterblichen zur Karolingerzeit nur äußerst selten.

Errichtung einer bayerischen Landeskirche

Die frühe bairische Kirche war noch ohne eine feste hierarchische Organisation. Die irofränkischen Wanderbischöfe Rupert, Emmeram und Korbinian orientierten sich in ihrer Tätigkeit am Ende des 7. Jahrhunderts an den weltlichen Herrschaftssitzen Salzburg, Regensburg, Freising und agierten weitgehend ohne Rombindung. Pläne des tatkräftigen, seit 700 regierenden Herzogs Theodo für eine Landeskirche kamen zunächst nicht zum Tragen, sondern erst unter seinem Nachfolger Odilo 739 in Zusammenarbeit mit dem »römischen Legaten für die germanischen Länder«, dem Angelsachsen Winfrid, den man als den Hl. Bonifatius kennt. Zu den Idealen der angelsächsischen Mönche gehörte, wie bei den Iren, die Missionsarbeit, allerdings mit Sanktionierung durch den Papst und in Zusammenarbeit mit der politischen Obergewalt. Aus diesen Gründen war ihnen mehr Erfolg beschieden als den politisch weniger angepaßt agierenden irofränkischen Missionaren. Gerade Bonifatius verband seine

missionarische Arbeit mit organisatorischer Tätigkeit und schuf eine straffe kirchliche Organisation Altbayerns durch die Einrichtung der vier Bistümer Regensburg, Passau, Freising und Salzburg. Bischof Arn von Salzburg wurde 798 »auf Ersuchen und Befehl« Karls des Großen Erzbischof und Metropolit der neugeschaffenen Kirchenprovinz Baiern, zu denen neben den oben genannten Diözesen auch Säben in Südtirol gehörte (Abb. 37).

Die Rolle der Klöster

Im 8. Jahrhundert wurden in Altbayern vom Herzog oder den großen Adelsgeschlechtern etwa 50 Klöster neu gegründet. Der Einfluß dieser Anlagen auf Landesausbau und historische Entwicklung kann kaum hoch genug eingeschätzt werden. Die Klöster waren ein politisches Machtinstrument, für die Bevölkerung boten sie Kirchenasyl, Fürsorge für Alte und Kranke sowie Gastfreundschaft auf Reisen. Ihre politische Macht beruhte auf ihrer Rolle als Grundherren. Der Adel und der geistliche Stand stellten im 8. Jahrhundert die kleine, aber mächtige Schicht der landbesitzenden Grundherren. Die große Mehrheit der agrarisch strukturierten, abhängigen Landbevölkerung lebte in den Ansiedlungen dieser geistlichen und weltlichen Grundherrschaften. Die Äcker der Klöster wurden von freien und abhängigen Bauern bewirtschaftet. Im Falle Staffelsee waren dies nach den Aufzeichnungen 740 Tagewerke unter dem Pflug, das sind in heutigen Begriffen etwa

Die Kirchenprovinz Baiern

🔴 Sitz des Erzbischofs
⭕ Sitz eines Bischofs

Erzbistum Mainz

Diözese Regensburg

Regensburg

Donau

Isar

Freising

Passau

Diözese Passau

Donau

Traun

Diözese Freising

Enns

Salzburg

Inn

Erzdiözese Salzburg

Diözese Säben

Erzbistum Mailand

Säben

Drau

Mur

Patriarchat Aquileia

Abb. 37 Östlich des Bistums Augsburg und des nur kurze Zeit bestehenden Bistums Neuburg/Staffelsee lag die Kirchenprovinz Baiern mit dem Metropolitansitz in Salzburg.

250 Hektar und soviele Wiesen, daß 610 Karren Heu eingefahren werden konnten. Die bäuerlichen Wohn- und Wirtschaftseinheiten nannte man Hufen oder Huben. Auf diese Bezeichnung ist der heute so geläufige Eigenname »Huber« zurückzuführen. Das Kloster Staffelsee verfügte über 42 Huben auf dem Festland, die Naturalabgaben zu leisten hatten. Auch Arbeitszeit mußte für den Grundherrn geleistet werden: Die Frauen mussten in einem eigens dafür eingerichteten Gebäude Kleider herstellen und jeder »Huber« mußte im Jahr eine bestimmte Zeit für das Staffelsee-Kloster auf dem Feld arbeiten. Außerdem hatte man Boten- oder Soldatendienste zu leisten. Ab einem bestimmten Besitzstand schuldeten alle Freien, darunter auch das Kloster Staffelsee, dem fränkischen König Heeresdienst. Sogar die Bischöfe und Äbte mußten im Kriegsfalle Heeresfolge leisten. Wenn auch Fälle belegt sind, daß einige geistliche Herren selbst an Schlachten teilnahmen, zogen die meisten es je-

doch vor, dem Herrscher als Gegenleistung eine bestimmte Anzahl von Kriegern zu stellen. Auch der Abt vom Staffelsee verstärkte das fränkische Heer in diesem Fall mit bäuerlichen Kriegern. Als Gegenleistung konnten diese den Schutz des Klosters, nicht nur im Kriegsfall, sondern auch in rechtlichen Angelegenheiten erwarten.

Darüber hinaus waren die Klöster Träger und Vermittler von Tradition, Bildung und Kultur. Auch als Versorgungsstätte, v.a. für karolingische Prinzessinnen, wurden sie eingesetzt, was vielleicht für das Kloster auf der Fraueninsel im Chiemsee zutraf, dessen erste namentlich bekannte Äbtissin eine Tochter Ludwigs des Deutschen mit Namen Irmingard war (Abb. 38).

Benedikt von Nursia und sein Orden

Von einigen karolingischen Herrschern wurde der Benediktinerorden allen anderen gleichzeitig bestehenden Mönchsorden vorgezogen. Für Benedikt von Aniane stellte die Regel dieses Ordens die authentische Form für mönchisches Leben dar. Unter seinem Einfluß erließ Ludwig der Fromme im Zuge der anianischen Kirchenreform das königliche Gebot, daß Mönche und Nonnen fortan nur noch nach der Benediktregel leben sollten. Der Benediktinerorden wurde vom Hl. Benedikt von Nursia (Umbrien) im 6. Jahrhundert gegründet. Aus wohlhabender Familie stammend, schloß sich Benedikt nach seiner Ausbildung einigen Eremiten in den Sabiner Bergen an. Von dort zog er nach Subiaco, 40 km südwestlich von Rom, um ein eigenes Kloster zu gründen. Auch dort fand er keine ständige Bleibe, sondern zog schließlich mit einigen Getreuen auf den Monte Cassino, 140 km südlich von Rom, um an diesem Ort das Mutterkloster des Benediktinerordens zu gründen. Sein Grab und das seiner Schwester, der Hl. Scholastica, wird heute noch dort verehrt.

Das Besondere an der Benediktregel und schließlich auch die Voraussetzung für ihren Erfolg liegt in ihrer Offenheit. Sie beschreibt meist nur die Grundintention einer einzelnen Vorschrift und überläßt die konkrete Auslegung dem jeweiligen Abt. Dadurch konnte sie variabel den jeweiligen Umständen und Menschen angepasst werden. Das Motto »ora et labora« (= Bete und arbeite!) hatte freilich immer und für alle Mönche zu gelten.

Auf den ersten Blick außergewöhnlich mag die Ansiedlung eines derartigen Klosters auf einer Insel erscheinen, doch steht die Insel Wörth im Staffelsee hier nicht einmalig da. Man denke nur an die Klosterinsel Reichenau im Bodensee oder an Frauen- bzw. Herrenchiemsee! Neben dem besonderen Schutz, den der schwierige Zugang zum Kloster in politisch unruhigen Zeiten bot, gestattete eine Insel natürlich auch in besonderem Maße kontemplative und meditative Situationen. Nicht zu unterschätzen ist auch die reichhaltige Lebensmittelversorgung, die ein See in der Fastenzeit und an den zahlreichen Fastentagen bot!

Leben im Kloster

Über das Leben in einem frühmittelalterlichen Kloster geben nur sehr wenige schriftliche Quellen Auskunft. Wir wissen, daß zum Kloster Staffelsee ein großer herrschaftlicher Hof gehörte, dem zahlreiche Hof- und Wirtschaftseinheiten untertänig waren (s. unten). Diese hatten für die Versorgung des Klosters zu sorgen. Der Tagesablauf der Mönche im Kloster war fest eingeteilt. Man stand um 1 Uhr in der Nacht zu einem ersten Gottesdienst auf. Neun weitere Gebetszeiten gliederten den Tagesablauf. Gegessen wurde zumeist nur ein- oder zweimal am Tage. Die verbleibende Zeit war der Handarbeit und der Lesung frommer Bücher bzw. dem Studium der Heiligen Schrift gewidmet. Die Mönchen schliefen in einem gemeinsamen Schlafzimmer, dem *Dormitorium*, und nahmen ihr Essen auch gemeinsam, im *Refektorium*, ein. Bekleidet waren sie mit einem langen Gewand mit kurzen Ärmeln aus Leinen oder Wolle, der sog. *Tunika*. Darüber trug man die *Kukulle*, ein Kleidungsstück aus Tierfellen oder langhaarigem Gewebe mit Kapuze, das Kopf, Arme und Schultern bedeckte. Die Farbe der Kleidungsstücke wechselte im frühen Mittelalter zunächst noch, erst später setzte sich bei den Benediktinern Schwarz durch. Je nach Bedarf besaßen die Mönche leichtere oder schwerere Schuhe. Am

Abb. 38 Klöster auf Inseln waren im frühen Mittelalter nicht ganz ungewöhnlich, wie die heute noch bewohnte Anlage auf der Fraueninsel im Chiemsee beweist.

Gürtel trugen sie als persönlichen Besitz ein Messer, eine Nadel, ein Schreibtäfelchen samt Griffel und ein Taschentuch.

Der Gutshof des Klosters auf der Wörth

Die Sendboten, die das Staffelsee-Inventar erstellten, trafen um 800 am Staffelsee auf einen zum Kloster gehörigen Gutshof. An Getreide fanden sie dort lediglich 30 Fuder, was darauf schließen läßt, daß ihr Besuch lange Zeit nach der letzten Ernte, vielleicht im April/Mai stattgefunden hatte. Außerdem trafen sie dort auf 12 Scheffel Malz, 1 herrschaftliches Reitpferd, 26 Zugochsen, 20 Kühe, 1 Bulle, 61 Färsen, 5 Kälber, 87 Schafe, 14 Lämmer, 17 Böcke, 58 Ziegen, 12 Zicklein, 40 Schweine, 50 Ferkel, 63 Gänse, 50 Hühner und 17 Bienenstöcke. An Vorräten waren dort gelagert 20 Speckseiten, ebensoviele Würste, 27 Pfund Schmer, 1 geschlachteter und aufgehangener Eber, 40 Käse, 1/2 Sekel Honig, 2 Sekel Butter, 5 Scheffel Salz, 3 Sekel Seife und eine Bettdecke mit 5 Federkissen. Auch folgende Geräte und Werkzeuge wurden dort aufbewahrt: 3 eherne und 6 eiserne Kessel, 5 Kesselhaken, 1 eiserner Leuchter, 17 mit Eisen gebundene Zuber, 10 große und 17 kleine Sicheln, 7 breite Hacken, 7 Äxte, 10 Bockshäute, 26 Schaffelle und 1 Fischnetz. Die nachfolgend erwähnte, zu den Liegenschaften des Klosters zählende Mühle wird sich mit einiger Sicherheit auf dem Festland befunden haben, wie vermutlich auch das Webhaus, in dem 5 wollene Gewänder mit 4 Gürteln und 5 Hemden angetroffen wurden. Der für diese Zeit unge-

Abb. 39 Von der mühevollen Arbeit der frühmittelalterlichen Bevölkerung zeugen heute noch
die Hochäcker bei Seehausen am Staffelsee.
Vielleicht wurden sie von den abhängigen Bauern des Klosters auf der Insel Wörth angelegt.

wöhnlich reiche Viehbestand (114 Stück
Großvieh, 278 Stück Kleinvieh, 113 Stück
Federvieh) konnte wohl nicht ausschließlich auf der nur 37 ha umfassenden Insel
gehalten werden. Die eingelagerten Vorräte – Würste, Honig, Seife und Malz zum
Bierbrauen – verweisen allerdings ebenso auf den engeren Klosterbereich wie die
Geräte, die zur Lebensmittelverarbeitung
und für den allgemeinen Küchenbedarf
gedacht waren. Großgeräte wie Pflüge,
Karren oder schwere Ackerhacken feh-
len, erwähnt sind lediglich Geräte für die
Weide- und Gartenwirtschaft sowie zur
Holzverarbeitung. Regelrechter Ackerbau
konnte mit den erwähnten 10 großen und
17 kleinen Sicheln, den 7 breiten Hacken
und 7 Äxten nicht betrieben werden
(Abb. 39 und 40), was dafür spricht, daß
im Urbar nur die Dinge aufgeführt sind,

die zur Bewirtschaftung der Insel selbst
nötig waren.

Die Klosterkirche

Im 8. Jahrhundert trug man die Kirche I
und alle anderen Gebäude aus dem 7.
Jahrhundert bis auf ihre Grundmauern
ab, arbeitete den in Rippen anstehenden
Nagelfluh zu einer ebenen Fläche um und
errichtete auf dieser einen großen Kirchenbau (Kirche II), dessen Langhaus mit
einer Länge von 23,5 m und einer Breite
von 13 m noch mit Sicherheit rekonstru-
ierbar war (Abb. 41). Die Mauern waren
während der Ausgrabung z. T. nur noch
indirekt, als Ausbruchgruben, nachzuweisen. Lediglich an den Ostecken des Kir-
chengebäudes waren maximal fünf Steinreihen im Aufgehenden erhalten. Die
80 cm breiten Mauern waren aus großen
Geröllsteinen mit weißlichem, stark sandigem Mörtel zusammengefügt und wurden zumeist direkt auf den Nagelfluh
bzw. auf eine darüberliegende, ca. 5 cm
starke schwarze, leicht lehmige Erd-
schicht gesetzt. In der Südostecke der Kir-

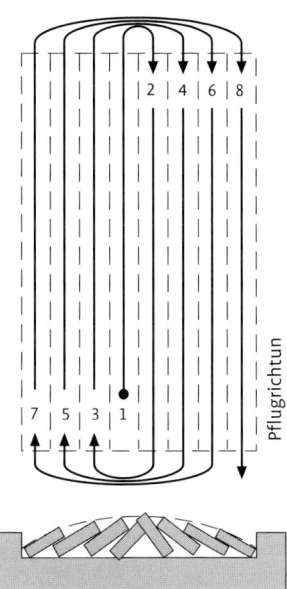

Pflugrichtun

Abb. 40 Hochäcker entstehen durch eine bestimmte Pflugtechnik, die auf dem schollenwendenden Streichbrettpflug beruht. Die Scholle konnte mit diesem Pflug nur in eine Richtung gewendet werden. Behielt man die oben skizzierte Pflugtechnik über längere Zeit bei, so warf sich die Mitte des Ackerbeetes auf und ergab eine Änderung der Landschaftsoberfläche, die auch nach Jahrhunderten noch sichtbar ist.

che band ein Kalkmörtelestrich mit durch Ziegelmehl rot eingefärbter Oberfläche an die Mauerreste an und beweist somit seine Gleichzeitigkeit mit diesem Kirchenbau. Der Estrich, der über die Fundamentreste der ersten Kirche hinwegzieht, wurde nur im östlichen Teil von Kirche II nachgewiesen. Das Aussehen des Kirchenchores muß weitgehend fraglich bleiben, die zahlreichen Bestattungen der

Neuzeit, aber auch die in diesem Grabungsbereich beobachtete, starke Hangerosion haben seine Überreste fast vollkommen zerstört. Lediglich ein geringer Mauerrest kann vielleicht im Sinne eines rechteckigen Chores interpretiert werden. Sicherer sind die Hinweise auf den ehemaligen Haupteingang zur Kirche, der sich wohl auf der Westseite befunden hat. Für die Datierung dieser Kirche gibt es einige Anhaltspunkte: Wo die beiden Estriche mit roter Oberfläche von Kirche I und Kirche II direkt übereinander erhalten geblieben waren, namentlich auf der Fläche der Kirche I, waren diese durch eine fundführende, ca. 5 cm starke dunkelbraune Kulturschicht getrennt. Die aus dieser Schicht geborgene Keramik läßt sich nach ersten Beurteilungen in das 8. Jahrhundert datieren. Man kommt damit in die Nähe des Gründungsdatums, das für das Kloster nach der Benediktbeuerner Überlieferung nachgewiesen ist. Bei Kirche II handelt es sich mit Sicherheit um eine Klosterkirche, wofür nicht nur die Größe der Anlage, sondern auch die noch zu beschreibenden Annexbauten mit Einrichtungen für die Klosterliturgie sowie die Überreste einer steinernen Chorschrankenanlage sprechen.

Anbauten an die Kirche

Nördlich und südlich setzten am Langhaus der Kirche drei Anbauten an. Symmetrisch zueinander befand sich jeweils nördlich und südlich an der Schulter der Kirche ein etwa 7 (südlicher Raum) bzw. 8 (nördlicher Raum) m breiter und jeweils

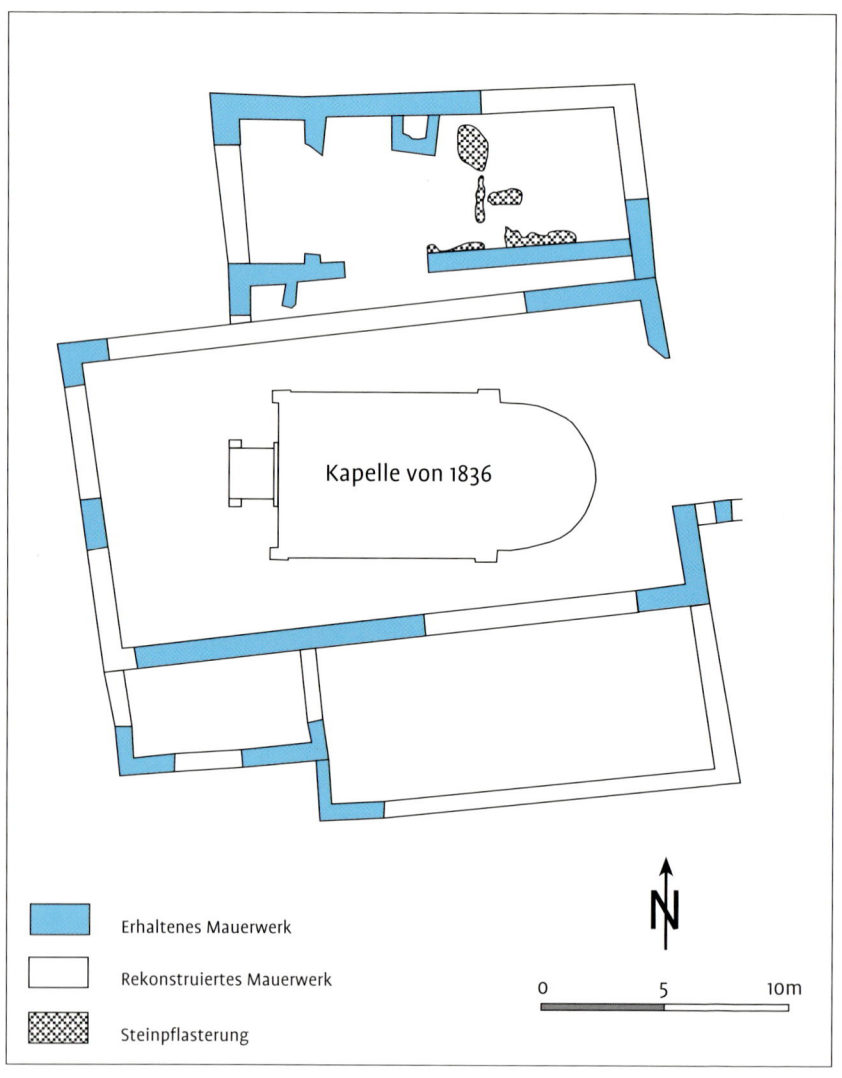

Kapelle von 1836

Erhaltenes Mauerwerk

Rekonstruiertes Mauerwerk

Steinpflasterung

N

0   5   10m

Abb. 41 Die Überreste des Klosters aus dem 8. Jahrhundert auf der Insel Wörth.

16 m langer Raum. Die Mauern des südlichen Raumes waren nur sehr schlecht erhalten, lediglich die Südwestecke war noch zweifelsfrei zu dokumentieren. Die Südostecke war durch ein späteres Turmfundament des 15. Jahrhunderts offenbar vollständig zerstört, die Südmauer entzog sich einer Ausgrabung weitgehend durch eine mächtige Eiche in diesem Bereich, deren Wurzelbereich aus Naturschutzgründen nicht berührt werden durfte.

Westlich dieses Südanbaus befand sich ein weiterer, kleinerer Raum von 4,5 m Breite und 8,5 m Länge, der ebenfalls direkt an das Langhaus der Kirche anband. Auch er war durch Baumaßnahmen des 15. Jahrhunderts in seinem Bestand stark gestört. Beide südlichen Anbauten waren über den Resten der spätrömischen Umfassungsmauer errichtet. Spätestens in der Karolingerzeit hatte die römische Umwehrung also ihre schutzspendende Aufgabe verloren. Über die Funktion der südlichen Anbauten kann man bislang nur Vermutungen anstellen. Eine bessere Ansprache ist bei dem nördlichen Raum möglich, der symmetrisch zum südöstlichen Raum, aber 1 m breiter angelegt wurde. Sein Innenraum war mehrfach unterteilt. Ein Mäuerchen parallel zur 1,2 m entfernten nördlichen Kirchenlängswand, die in diesem Bereich weitgehend nur als Ausbruchsgrube erhalten war, unterteilte ihn in Längsrichtung. Das lediglich 60–70 cm breite Mäuerchen, aus kleinen Steinen mit weißlichem, stark sandigem Mörtel gefügt und maximal vier Steinreihen hoch erhalten, war mit Sicherheit kein tragendes Mauerwerk. Etwa in der Mitte des Gebäudes weist es eine Unterbrechung auf, so daß man hier einen Eingang vom Nordraum in die Kirche vermuten darf. Beide durch dieses Mäuerchen im Nordraum entstandenen Räumlichkeiten waren am Westende noch einmal in einer späteren Bauphase quer unterteilt. Die Nordwestecke des Raumes wies sekundäre bauliche Veränderungen auf, die wahrscheinlich durch die angreifende Hangerosion notwendig geworden waren. Zumindest die Nordostecke des Gebäudes war der antiken Hangerosion zum Opfer gefallen. Zudem wurde dort der Befund durch die neuzeitliche Kirchhofmauer verunklärt. Im östlichen Bereich des Nordanbaus wurde an wenigen Stellen, wo die Fläche nicht durch neuzeitliche Bestattungen gestört war, ein Steinpflaster aus kleinteiligen Kieselsteinen beobachtet. Diese Bodenpflasterung band an das oben erwähnte, in Ost-West-Richtung parallel zur Kirchennordmauer verlaufende Mäuerchen an. Etwa in der Mitte des Raumes, genau gegenüber des vermuteten Zugangs zur Kirche, war an die Nordmauer des nördlichen Annexes ein quadratisches Steingeviert von etwa 1,8 x 1,8 m angebaut. Die lediglich 40 cm breiten Mauern – unmöglich in einer tragenden Funktion denkbar – umschlossen einen Innenraum von etwa 1 Quadratmeter. Verschiedene Beobachtungen während der Grabung sprechen dafür, in diesem Mauergeviert ein Wasserbassin ohne Ab- und Zufluß zu vermuten. Diese beiden eben beschriebenen Mauerstrukturen ohne tragende Funktion ermöglichen Vermutungen über die Funktion des nördlichen Annexraumes: Das in Ost-West-Richtung verlaufende Mäuerchen kann vielleicht in Zusammenhang mit einer Sitzbank gesehen werden. Das beobachtete Wasserbecken mag mit der klösterlichen Liturgie in Verbindung gebracht werden. Die Fußwaschung in der Nachfolge Christi wurde in den frühmittelalterlichen Klöstern nicht nur am Gründonners-

Abb. 42 So darf man sich die Klosterkirche
mit ihren Annexgebäuden im 8. Jahrhundert
vorstellen.

tag, sondern regelmäßig wöchentlich,
donnerstags oder samstags, oder zu besonderen Anlässen durchgeführt. Das
Steinbecken im nördlichen Annexraum
kann man sich sehr gut als Örtlichkeit zur
Fußwaschung vorstellen. Der nördliche
Anbau an die karolingerzeitliche Kirche
auf der Insel Wörth im Staffelsee könnte
somit Funktionen übernommen haben,
die normalerweise im Kapitelsaal eines
Klosters stattfanden.
Kirche II und der nördliche Annexbau
wurden sicher gleichzeitig im 8. Jahrhundert errichtet, was man auch für die beiden südlichen Annexräume annehmen
möchte (Abb. 42).

Wo entstand das Wessobrunner Gebet?

Dat gafregin ih mit firahim
firiuuizzo meista,
Dat ero ni uuas noh ufhimil,
noh paum noh pereg ni uuas,
ni (...) nohheinig noh sunna ni scein,
noh mano ni liutha noh der mareo seo.
Zahlreiche bayerische Schulkinder mußten und müssen vielleicht heute noch diese althochdeutschen Zeilen auswendig
lernen. Das sogenannte »Wessobrunner
Gebet« gehört zur Standardbildung der
heutigen Bajuwaren. In Hochdeutsch
übersetzt heißt das:
Das erfragte ich unter den Menschen als
des Wissens Größtes:
Daß die Erde nicht war noch der Himmel
Noch Baum noch Berg war,
noch irgend etwas, noch die Sonne schien,
noch der Mond leuchtete, noch das Meer
war.

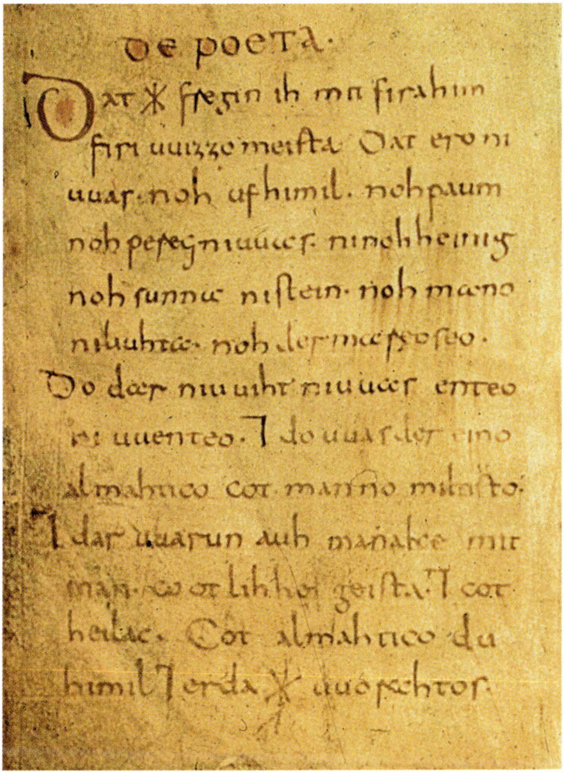

Abb. 43 Das »Wessobrunner Gebet«, eines der ältesten Schriftzeugnisse der deutschen Sprache, wurde wahrscheinlich im Kloster Staffelsee niedergeschrieben. Bayerische Staatsbibliothek München.

Das Wessobrunner Gebet gilt als eines der ältesten Denkmäler der deutschen Sprache, die heute noch erhalten sind. Es ist Bestandteil eines kleinen Buches im Taschenbuchformat von 18,5 x 14,1 cm (Abb. 43). Seinen Namen erhielt das Gebet nach dem in etwa 25 km vom Staffelsee entfernt gelegenen Benediktinerkloster Wessobrunn, wo es wohl jahrhundertelang in der Bibliothek verwahrt worden ist. Nach der Auflösung dieses Klosters während der Säkularisation gelangte das Buch mit dem »Wessobrunner Gebet« nach München, wo es heute in der Bayerischen Staatsbibliothek aufbewahrt wird. Das Wessobrunner Gebet ist um 814 im Bereich des Bistums Augsburg entstanden, den genauen Herstellungsort kennt man bislang nicht. Es verdichten sich allerdings die Anzeichen dafür, daß es im Kloster Staffelsee geschrieben wurde, das nach dem »Staffelsee-Urbar« über eine wohl ausgestattete Schreibstube verfügte. Die Bibliothek des Staffelseeklosters bein-

Abb. 44 So ähnlich mag eine Chorschrankenanlage im frühen Mittelalter ausgesehen haben.

haltete 43 Bände (30 Bücher des Alten Testaments, 11 Regelbücher, ein Evangelienband und die Regel des Hl. Benedikt), zwei Tonnen voll Saliter, zwei Platten und ein Klumpen Blei, 170 Schreibfedern und einen Faltstuhl. Saliter, Blei und Schreibfedern wurden ebenso zur Herstellung von Büchern benötigt wie die Tierhäute (10 Bockshäute, 26 Schaffelle), die sich im Gutshof des Klosters befanden. Bücher bestanden zu dieser Zeit ja aus Pergament, das aus Tierhäuten hergestellt wur-

de. Das Kopieren von Schriften und damit die Kenntnis und Überlieferung der für würdig befundenen Schriften der Antike war eine wichtige Aufgabe der mittelalterlichen Klöster, wie es nicht zuletzt Umberto Eco in seinem Roman »Der Name der Rose« einer breiten Öffentlichkeit bekannt gemacht hat.

Schranken aus Stein

Von der Innenausstattung des Klosters zeugen die Fragmente einer Chorschrankenanlage aus Sandstein, die sich ehemals in der Kirche befunden hatte. Mit diesem Architekturteil wurde im Innern

Abb. 45 Versuchsweise kann angedeutet werden, wie eine komplette Sandsteinplatte der Chorschrankenanlage von der Insel Wörth ausgesehen haben mag. Maßstab 1:10.

der Klosterkirche der Laien- vom Mönchbereich räumlich abgeteilt. Die Anlage bestand aus mehreren, gut 1 x 1 m messenden Steinplatten und Pfeilern, die hochkant aneinander gestellt wurden. Sie waren reich mit Rankenornamenten oder Flechtbändern verziert. Auf den einzelnen Pfeilern standen kleine Säulen, die wiederum geschmückte Steinbalken als oberen Abschluß trugen. So ergaben sich oberhalb der Platten »Fenster«, die, wie bei einer Ikonostase in einer orthodoxen

Kirche, mit Tüchern verhängt werden konnten (Abb. 44). Die steinerne Chorschrankenanlage wurde, spätestens in Zusammenhang mit den unten zu beschreibenden Baumaßnahmen in gotischer Zeit, zum Teil rücksichtslos in kleine bis sehr kleine Teile zerschlagen. Das größte gefundene Fragment einer ursprünglich wie andere Beispiele dieser Zeit gut 1 x 1 m messenden Schrankenplatte aus Sandstein war nur noch 47 x 20 cm groß (Abb. 45). Selbst bei diesem – für die Fundverhältnisse auf der Insel Wörth – sehr großen Stück ist eine Rekonstruktion des Verzierungsornaments aus dreizeiligem Flechtwerk schwierig. Noch deutlich zu erkennen ist, daß die Verzierung auf der

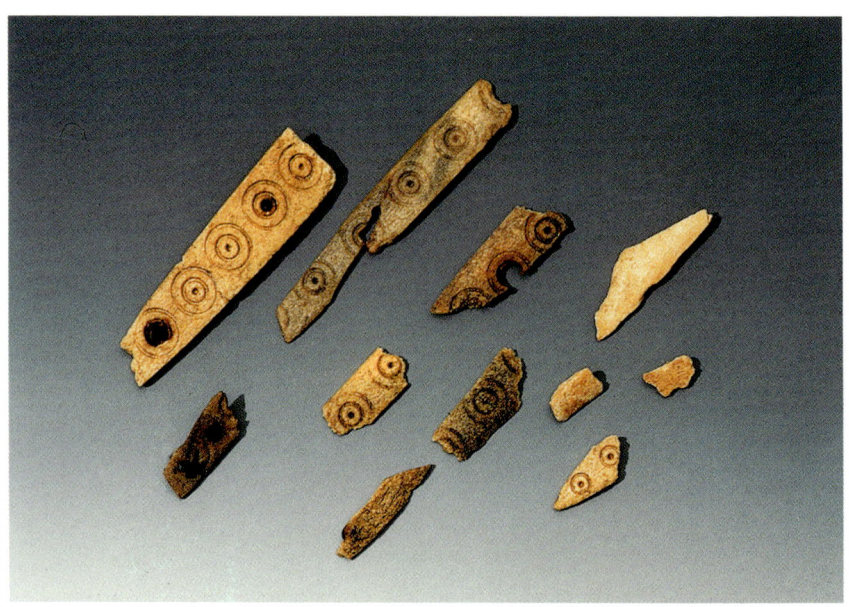

Abb. 46 Diese verzierten Plättchen aus Rinderknochen waren ehemals wohl auf einem hölzernen Reliquienkästchen angebracht. Archäologische Staatssammlung München.

Platte in zwei Zonen – getrennt durch einen glatten Steg – angeordnet war. Das Muster auf dem kleineren Zonenteil wird hier versuchsweise zu einem mehrsträhnigen Zopfmuster ergänzt. Da die obere Begrenzung von Schrankenplatten zumeist als Muschelfries gestaltet ist, darf dieses Verzierungsdetail als Überrest eines angearbeiteten Pfeilers interpretiert werden. Da das Schrankenplattenfragment von der Insel Wörth an allen Kanten stark beschädigt ist, lassen sich an ihm selbst keine sicheren Anhaltspunkte für seine ehemalige Orientierung gewinnen. Eine Besonderheit unter den zahlreich geborgenen Fragmenten der Chorschrankenanlage stellt ein kleines, nur maximal 11,5 cm messendes rötliches Sandsteinbruchstück dar, dessen Flechtwerkverzierung nicht aus einem, wie in Altbayern sonst üblichen dreizeiligen, sondern aus einem mindestens fünfzeiligen Band gebildet ist. Entsprechende Vergleichsstücke können vorerst nur aus Oberitalien angeführt werden.

Holzkästchen als Reliquienbehältnis

Das Staffelsee-Inventar informiert uns darüber, was die bei der Ausgrabung nur noch in ihren Fundamenten erhaltene Klosterkirche der Karolingerzeit an Innenausstattung besaß. Wir hören hier von einem aus Gold und Silber gefertigten Altar und sechs Reliquienkapseln aus vergoldetem Silber oder Kupfer. Dann befanden sich dort drei silberne Kreuze, davon zwei mit Reliquien und eine silberne, vergoldete Weihekrone über dem Altar, an der ein Kreuz, eine Kristallkugel und Perlen hingen. Zum liturgischen Gerät gehörten zwei Eucharistiekelche und eine Hostienplatte, vier Räuchergefäße, zwei Flaschen und ein Geschirr zum Händewaschen aus Kupfer. An liturgischen Gewändern befanden sich dort drei Kaseln (glockenförmig geschnittene Meßgewänder), eine Dalmatik (von den Schultern bis zu den Knöcheln reichendes, weites Gewand), ein Gürtel, sieben Alben (hemdartiges, knöchellanges Untergewand mit langen Ärmeln aus weißem Leinen) sowie acht seidene Handschuhe, von denen vier mit Gold und Perlen verziert waren. Entsprechende Handschuhe standen nur einem Bischof zum Gebrauch zu. Des weiteren befanden sich in Kirche und Sakristei 13 seidenbestickte Kelchtücher, 12 Altarüberzüge, 20 seidene Altartüchlein, zwei Wischtücher und ein Kissen. Die Klosterkirche war nach dem Staffelsee-Inventar also verschwenderisch reich ausgestattet. Von dem ganzen Kirchenschatz haben wir bei den Ausgrabungen freilich nichts mehr angetroffen. Allerdings fanden wir einige Gegenstände, die zur Inneneinrichtung der Klosterkirche gehört haben, welche wohl aus zu wenig wertvollem Material bestanden, als daß sie in das Inventar aufgenommen werden mußten. Zur beweglichen Innenausstattung des Klosters haben aller Wahrscheinlichkeit nach 9 mit kurvolinearen Mustern verzierte Knochenplättchen mit einer Breite von 0,6 bis 1,5 cm und einer Länge von 1,9 bis 7 cm (Abb. 46) gehört, die im Bereich eines der westlich der Kirche gelegenen Gebäude geborgen wurden. Die Muster bestehen aus einfachen und doppelten Kreisaugen, bzw. aus einer Kombination von Kreisaugen und Kreisbögen. An drei Fragmenten waren noch die eisernen Niete erhalten, mit denen die Knochenplättchen auf einem heute nicht mehr erhaltenen Träger befestigt waren. Man kann die Knochenplättchen als Besatzteile eines hölzernen Reliquienkästchens interpretieren, das somit der direkte Vorläufer des heute im Bayerischen Nationalmuseum verwahrten, bronzevergoldeten und emailverzierten Reliquienkästchens aus dem hohen Mittelalter (entstanden um 1220/30) von der Insel Wörth wäre (Abb. 47). Die ehemalige Anordnung der sicherlich auch nicht in vollständiger Zahl erhaltenen Knochenplättchen auf einem Kästchen kann freilich nicht mehr rekonstruiert werden. Mit verzierten Knochenplättchen beschlagene Reliquienkästchen aus Holz kommen nördlich der Alpen seit der zweiten Hälfte des 5. Jahrhunderts n. Chr. vor. Das bislang älteste Beispiel stammt aus der frühchristlichen Kirche von Ampaß in Tirol. Das Kästchen von Ampaß enthielt in Seidenstoff gewickelte Reliquien und wurde selbst in einem steinernen Schrein in einer vertieften, überwölbten Reliquienkammer unter dem Fußboden im Altarbereich verwahrt. Im 6. und 7. Jahrhundert n. Chr. werden mit verzierten Knochenplättchen beschla-

Abb. 47 Im Bayerischen Nationalmuseum München wird heute ein prächtig verziertes Reliquiar aus vergoldeter Bronze aufbewahrt, das aus der Kirche auf der Insel Wörth im Staffelsee stammt.

gene Kästchen auch im profanen Bereich genutzt, wie Fundobjekte von verschiedenen Reihengräberfeldern nahelegen. Zahlreich in Kirchenschätzen erhaltene Kästchen beweisen jedoch ihre Verwendung als Reliquienbehältnisse, die vom 8. bis in das 12. Jahrhundert belegt werden kann.

Unsterbliche Seelen

Im Bereich des südwestlichen Annexraums der Klosterkirche wurde ein Objekt geborgen, das Anhaltspunkte sowohl für die Innenausstattung der Kirche als auch für Metallverarbeitung im Klosterareal gibt. Das ehemals runde, jetzt jedoch verbogene Objekt (Abb. 48) besteht aus Blei, ist leicht gewölbt (H. 1,6 cm) und weist einen maximalen Durchmesser von 6,5 cm auf. Durch drei deutlich hervortretende Stege ist die Scheibe in drei Segmente unterteilt. Die »Bekrönung« am Treffpunkt der drei Stege in der Scheibenmitte ist abgebrochen und nicht erhalten.

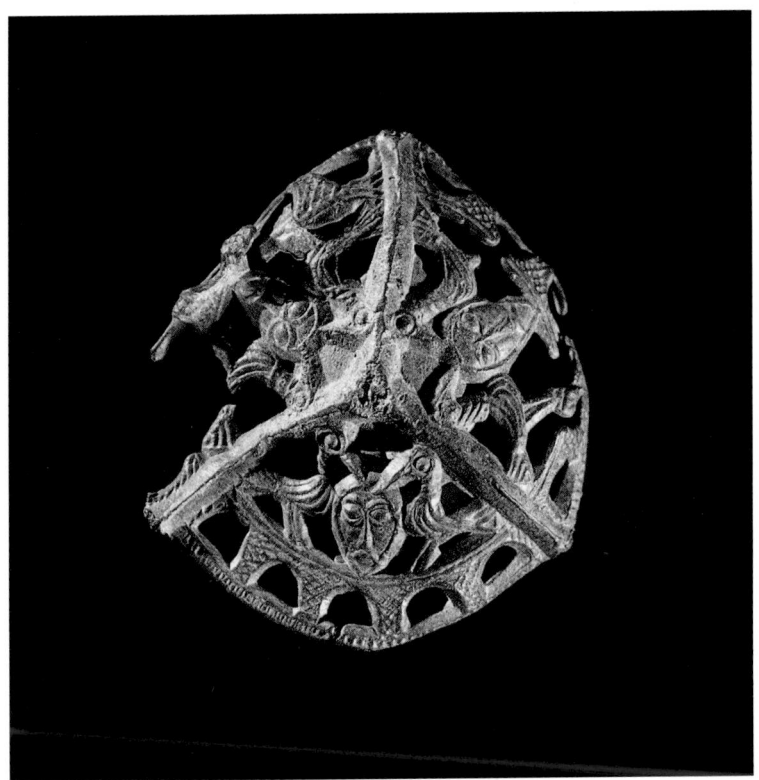

Abb. 48 Bleimodell von der Insel Wörth.
Archäologische Staatssammlung München.

Jedes der drei Segmente ist mit dem
gleichen Motiv in Durchbruchsarbeit verziert: Über einem durch fünf Bögen ge-
gliederten Randfries ist zentral ein
menschliches Gesicht dargestellt, zu dessen beiden Seiten und ihm zugewandt
sich zwei Vögel befinden. Dieses Motiv ist
im frühmittelalterlichen Formenschatz
sehr geläufig. Noch häufiger findet man
zwei antithetisch angeordnete Tiere zu
beiden Seiten eines zentralen Baumes.
Bei den Tieren handelt es sich, wie in diesem Fall, meist um Vögel, es kommen
aber auch Löwen oder sonstige Vierfüßler
an dieser Stelle vor. Der von Tieren flan-
kierte Lebensbaum ist ein antikes Sinn-
bild, das die Christen übernahmen. Schon
in der altorientalischen Kunst galt der
Baum als ein Symbol der Fülle und damit
des Lebens. Im Alten Testament ist der
»Baum der Erkenntnis« zwar für den Menschen tabu, doch bereits in der Offen-
barung des Johannes (2,7) stellt er eine
Verheißung des Paradieses dar: »... wer
siegt, dem werde ich zu essen geben vom
Baum des Lebens, der im Paradies Gottes
steht...«. Immer grünende Bäume am

Abb. 49 Im frühen Mittelalter ist dieses Motiv weit verbreitet, wie zwei goldene Ohrringe aus Steinhöring, Lkr. Ebersberg (links) und Kleinasien (rechts) zeigen. Durchmesser ca. 2,5 cm. Archäologische Staatssammlung München.

Strom des Lebens bringen mit ihren Früchten allen Völkern Heil (Offenb. Joh. 22,2). Häufig in der spätantiken und frühmittelalterlichen Kunst ist der Baum ein Symbol des Paradieses, an dem sich die unsterblichen Seelen in Tiergestalt erquicken. An die Stelle des Baumes kann bei diesen frühmittelalterlichen Darstellungen auch ein Gefäß – das einen lebensspendenden Quell birgt – treten. Seinen Platz kann aber auch der personifizierte Lebensbaum – Jesus Christus – als Symbol, Figur oder menschliche Maske einnehmen (Abb. 49). Die dreifache Wiederholung des Motivs eines menschlichen

Gesichts zwischen zwei Vögeln mag einen Hinweis auf Vorstellungen von der Dreieinigkeit bedeuten.

Handwerker im Kloster

Vergleichbare Objekte aus Blei wie das Stück von der Insel Wörth sind bislang nicht bekannt. Die Mängel des Ausgusses – in einige Bereiche, die durchbrochen sein sollten, war während des Gusses Blei hineingelaufen, in andere Bereiche, die geschlossen sein sollten, war kein Metall hineingelaufen – zeigen, daß die verwendete Form zum Zeitpunkt des Ausgusses noch nicht ausreichend ausgearbeitet war. Neben zahlreichen weiteren Hinweisen wie Schlackenresten, Werkzeugen und Fragmenten von Gußtiegeln stellt sie den eindeutigsten Nachweis einer Metallverarbeitung im karolingerzeitlichen Kloster auf der Insel Wörth dar. Objekte aus

Abb. 50 Karolingerzeitliche Räuchergefäße sind sehr selten erhalten geblieben. Ein einzigartiges Stück ist dieses Gefäß, das im Schnütgenmuseum verwahrt wird.

Blei dürften Modelle gewesen sein, mit denen Abdrücke in beliebiger Anzahl in zweiteilige Tonformen genommen werden konnten, die dann als Ausgangspunkt für den Guß aus Buntmetall dienten. Die Scheibe von der Insel Wörth kann man aufgrund der oben bereits beschriebenen gußtechnischen Mängel allerdings am ehesten als Probeausguß bezeichnen, wenngleich man sich fragen muß, warum sie als fehlerhaftes Produkt nicht sofort wieder eingeschmolzen wurde. Aufgrund des verwendeten Verzierungsmotivs wird die der Bleischeibe zugrunde liegende Gußform ehemals für die Herstellung eines liturgischen Gegenstands gedacht

gewesen sein. Die Größe und leichte Wölbung der Scheibe, die Gestaltung als eine Durchbruchsarbeit sowie der jetzt fehlende Fortsatz in der Mitte der Scheibe lassen vermuten, daß es sich bei diesem Gegenstand um ein Räuchergefäß gehandelt hat. Für die sehr seltenen karolingerzeitlichen Räuchergefäße ist zumindest ein Exemplar mit durchbrochen gearbeiteter Oberschale von ähnlichem Durchmesser mit mittiger Kopföse für die Aufhängevorrichtung, freilich mit einem völlig anders gearteten Dekor, belegt (Abb. 50).

Bedeutung und Ende des Klosters

Die durchgeführten Ausgrabungen ergaben das Bild eines gut ausgestatteten Klosters, das im 8. Jahrhundert an der Stelle eines älteren kirchlichen Baus errichtet wurde. Die Größe wie die Ausstattung der Klosterkirche lassen es, zusammen mit der schriftlichen Überlieferung, durchaus für möglich erscheinen, daß auf der Insel Wörth der Sitz des Bistums Neuburg/Staffelsee zu vermuten ist. Solange keine vergleichbaren Bodenfunde aus Neuburg an der Donau anzuführen sind, wird man den Bistumssitz auf der Insel Wörth annehmen dürfen.

Das Ende des Klosters, das schon in den schriftlichen Quellen kaum zu fassen ist, stellt sich auch nach Ende der Ausgrabungen nicht deutlicher dar. Eine Zerstörung des Klosters durch die Ungarn ist nach wie vor nur in einer örtlichen Legende belegt, entsprechende Spuren einer gewaltsamen Zerstörung konnten im Grabungsbefund nicht nachgewiesen werden, was angesichts der Fundverhältnisse am Kirchenhügel der Insel Wörth allerdings nicht bedeuten muß, daß eine solche nicht stattgefunden hat. Beachtenswert – und gegen eine gründliche Zerstörung des Klosters spricht jedoch in jedem Fall die Tatsache, daß im Jahr 1000 noch ein Kaiser samt Hofstaat hier Logis nehmen konnte. Unter den karolingischen Herrschern gingen die Klöster mehr und mehr in den Besitz der Bistümer über. Dies führte schließlich zu einem allgemeinen Niedergang, der im 10. Jahrhundert in der Auflösung vieler Klöster gipfelte.

6.
Die alte Pfarrkirche
und ihr Friedhof

Umzug einer Kirche

So wenig man vor Beginn der Ausgrabungen über die kirchliche Vergangenheit der Insel Wörth wußte, so gut war man aufgrund der schriftlichen Quellenlage über deren Ende informiert. Im Jahre 1754 beginnen die Klagen über den baufälligen Zustand des »...uralten Gotteshauses..« im Staffelsee, dessen »... ganzlicher Ruin und Einfall alltäglichen...« zu befürchten sei. Weder das Kloster Ettal, dem die Pfarrei damals inkorporiert war, noch der Kurfürstlich Geistliche Rat in München konnten sich jedoch zunächst zu einer Renovierungsmaßnahme durchringen. Aus dieser Zeit (um 1754) existiert eine Beschreibung der Kirche durch den Raistinger Pfarrherrn Franz Sales Gailler: »...Das gegenwärtige Kirchengebäude selbst auch verräth durch seine viereckige Form das höchste Alter; auf einem höheren Hügel der Insel, stehen seine Mauern auf natürlichem Felsen; sein Aussehen ist Ehrfurcht gebiethend.... Der Freythof ist geräumig, mit einer Mauer umfangen, und, wie die Kirche, auf hartem Felsen, so daß man zu den Begräbnissen die Erde kaum zwey Fuß tief ausgraben kann...«

Die isolierte und schwer zugängliche Lage der Pfarrkirche bewog im Sommer 1757 die Einwohner der Dörfer Seehausen, Riedhausen, Rieden und Aschau dazu, dem Augsburger Bischof ihren Wunsch nach einer Verlegung der Kirche auf das Festland nach Seehausen vorzuschlagen: Die Gläubigen konnten die Kirche nur unter widrigen Umständen per Boot oder über den knapp 300 m langen und 90 cm breiten Steg erreichen. Dies führte dazu, daß einige Menschen ohne die Heiligen Sakramente verstarben oder gar beim Kirchgang ertranken. An diese Eingabe der Staffelseer Pfarrkinder schloß sich ein langer Streit an, der ob einer Verlegung der Kirche zwischen den Gemeindeangehörigen und dem Kloster Ettal entbrannte. In erster Runde setzte sich Ettal durch, die Pfarrkirche blieb zunächst auf der Insel, wurde renoviert und am 10. Oktober 1762 durch den Weihbischof Joseph Graf von Gondola neu geweiht. In der Person des aus Seehausen stammenden Augsburger Buchhändlers Matthäus Rieger (1705–1775) fanden die Befürworter der Kirchenverlegung jedoch einen einflußreichen und finanzkräftigen Verfechter ihrer Sache. Rieger setzte

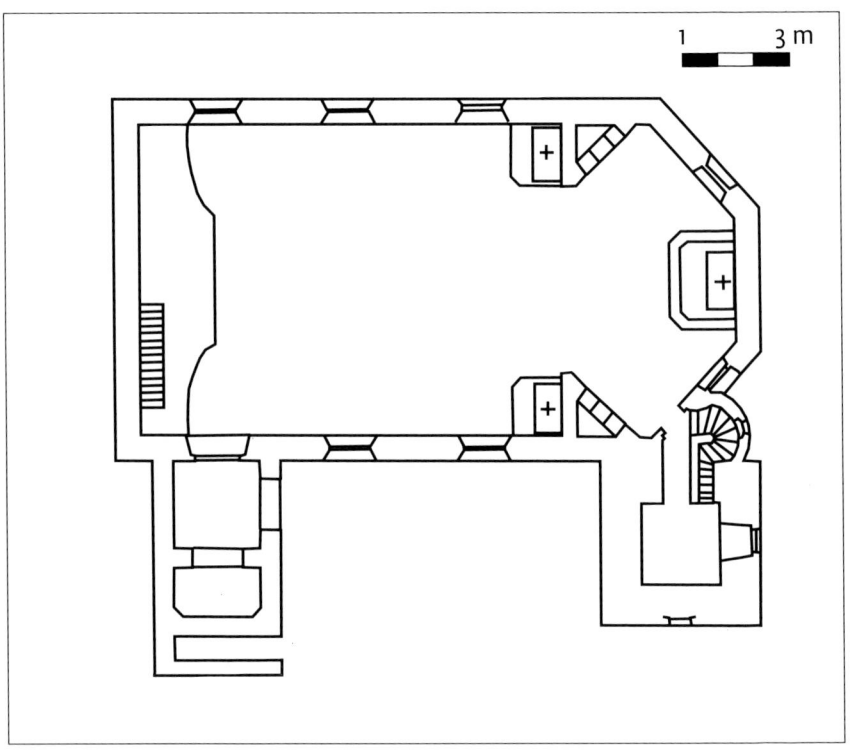

Abb. 52 Der Hofmaurermeister L. M. Gieß-
te 1772 eine Grundrißaufnahme der Pfarrkirche
auf der Insel Wörth im Staffelsee. (Umzeichnung
nach Bayerisches Hauptstaatsarchiv PlS 20029).

dreijochige Saalbau besaß nach Osten einen dreiseitigen Schluß, der durch einge-
zogene Mauern, vor denen die Seitenaltä-
re standen und schräg eingestellte Beicht-
stühle einen sechseckigen Chor bildete.
Vom Chor aus hatte man nach Süden einen Zugang in die Sakristei im Unterge-
schoß des massiven rechteckigen Turmes.
Im Westen befand sich eine geschwunge-
ne Orgelempore. Südlich des ersten Joches
lag das Vorhaus, durch das man in die Kir-

che gelangte mit einem als »Kercker oder
Gruft« bezeichneten Annex.
Anhand dieser Angaben war es einfach,
während der Ausgrabung angetroffene
Mauerreste eindeutig der Pfarrkirche zu-
zuordnen. Deutlich wurde nachgewiesen,
daß man beim Abriß der Kirche ganze Arbeit geleistet hatte. Vom Kirchenpflaster
waren nur noch wenige Sandsteinplatten,
alternierend in Rot und Gelb verlegt, erhalten. Die Mauern waren nur noch in einer Höhe von maximal fünf Steinreihen
erhalten, und das nur in Bereichen jen-
seits der Hangkante im Süden und im
Chorbereich. Im Chorbereich ließen sich
jedoch weitreichende Schlüsse ziehen. Es

Abb. 54 Als Paternosterschnüre wurden Ringchen aus Rinderknochen auf Bänder aus organischem Material aufgenäht. Archäologische Staatssammlung München.

ausübung dienten. Überraschenderweise eröffnete sich mit den Grabungsergebnissen auf der Insel Wörth so eine Quelle zur Erforschung der Volksfrömmigkeit einer ländlichen Bevölkerung Bayerns in der Barock- und Rokokozeit.

Paternosterschnüre und Rosenkränze
Häufig hatte man den auf der Insel Wörth beigesetzten Toten eine Gebetszählschnur in die Hände gelegt. Die älteste belegte Form unter den Grabfunden besteht aus einer großen Anzahl von kleinen Ringchen (Durchmesser ca. 2 cm), die aus Rin-

derknochen hergestellt wurden. Ähnliche Ringe sind in archäologischen Ausgrabungen bereits in Kontexten des 13. Jahrhunderts geborgen worden, Gebetszählschnüre dieser Form blieben jedoch bis in das 16. Jahrhundert hinein gebräuchlich. Die Ringchen waren, wie bildliche Darstellungen und komplett erhaltene Rosenkränze zeigen, ursprünglich auf einem steifen, aus Textilmaterial oder gelegentlich auch Leder gefertigten Reifen so eingenäht, daß sie schuppenförmig übereinander zu liegen kamen (Abb. 54). Im Gegensatz zu den heutigen Rosenkränzen bezeichnet man sie als Paternoster (= Vater unser)-Schnüre. Daneben wurden aber auch Rosenkränze geborgen, die unseren heutigen wesentlich ähnlicher sehen. Sie wurden aus den unterschiedlichsten

Materialien hergestellt. Einfache und verzierte Knochenperlen fanden sich darunter ebenso wie Perlen aus Bernstein, Glas, Holz, oder Fruchtkernen, die auf eisernen oder bronzenen Kettenglieder aufgezogen waren (Abb. 55). Rosenkränze waren und sind ein Andachtsgegenstand und Gebetszählgerät, denen man aber auch aufgrund des amulettwertigen Perlenmaterials und der verschiedenen An- und Einhänger eine Schutzwirkung gegen unterschiedlichstes Übel im Volksglauben zuschrieb.

Von Heiligen und Wallfahrtsstätten

In die Rosenkränze waren An- und Einhänger integriert. Unter Einhängern versteht man dabei Gegenstände unterschiedlichster Gestalt und Materials, die zwischen den Perlen mit aufgefädelt sind und von Anfang an Bestandteil des Rosenkranzes sind. Der Rosenkranz konnte aber auch noch nachträglich durch Anhänger bereichert werden, die man sich häufig von Wallfahrtsorten mitbrachte. Besonders beliebt als An- und Einhänger waren kleine Medaillons aus Bronze, Kupfer oder Messing, die in einer enorm hohen Anzahl, über 500 Stück, geborgen wurden. Sie sind rund, oval, herz- oder zungenförmig und unterschiedlichst ausgeprägt. Die meisten tragen das Abbild

Abb. 55 Rosenkränze in zahlreichen Variationen waren beliebte Grabbeigaben in der Barockzeit. Hier Exemplare mit Holz- und Glasperlen. Grab 79, 177 und 331. Archäologische Staatssammlung München.

eines Heiligen oder eines Gnadenbildes. Besonders häufig sind die Medaillen aus den in räumlicher Nähe gelegenen Wallfahrtsorten. Das Kopfreliquiar der Hl. Anastasia zu Benediktbeuern ist unter den Darstellungen ebenso häufig zu finden wie das Gnadenbild von Ettal. Auch die Muttergottes zur Schönen Liebe von Wessobrunn und der Gegeißelte Heiland der Wieskirche kommen in großer Anzahl vor (Abb. 56). Andere Medaillons dienten als Abzeichen von Gebetsbruderschaften, andere zeigten die Darstellung von besonders verehrten Heiligen. Unter den Heiligen steht – nicht nur zahlenmäßig – die Mutter Gottes an erster Stelle, aber auch die Hl. Franciscus und Antonius sowie Ignatius von Loyola und Franz Xaver erfreuten sich großer Beliebtheit. Häufig findet sich auf den Medaillons auch der sog. Benediktussegen (»crux sacra sit mihi lux, non draco sit mihi dux« = das Heilige Kreuz sei mein Licht, der Teufel sei nicht mein Führer) den man als Schutzzeichen gegen die Verhexung von Mensch und Vieh anwandte. Neben diesen einfachen geprägten oder gegossenen Medaillons gibt es auch komplizierter aufgebaute Exemplare, die hinter zwei Glasscheibchen das wächserne, häufig farbig gefaßte Abbild eines Andachtsbildes oder papierne Zettel mit Gebeten oder Bibelauszügen tragen. Einige dieser Medaillons wurden nach den Grabungsbefunden auch ohne Rosenkränze, vielleicht an die Kleidung auf- oder eingenäht oder in sog. »Breverln« (dazu s. S. 93 f) getragen.

Abb. 56 Als Anhänger wurden an die Rosenkränze Wallfahrtsmedaillons, hier von Ettal,
Wessobrunn, der Wieskirche und Benediktbeuern
(von oben nach unten) angebracht.
Archäologische Staatssammlung München.

Schützende Kreuze

Kleine Bronzekreuze (Höhe max. 9 cm)
wurden ebenfalls in großer Anzahl in den
Gräbern, zumeist als Abschluß des Rosenkranzes angetroffen. Bei ihnen handelt es
sich um Schutz- und Segenszeichen, die
volkstümlich aber auch als Amulette ge-

braucht wurden. Einige von ihnen nehmen die Form berühmter Wallfahrtskreu-
ze auf, deren Original einen Partikel des
Kreuzes Christi enthält (Abb. 57). Eher in
geringer Anzahl vertreten sind die präch-
tigen Ulrichskreuze aus Augsburg: Dabei
handelt es sich um Kreuze mit gleichlan-
gen, konisch auslaufenden Armen, ver-
kleinerte Abbilder des Kreuzes, mit dessen Hilfe der Hl. Ulrich 955 in der
Schlacht auf dem Lechfeld die Ungarn
aufhielt. Auf der einen Seite der Ulrichskreuze ist zumeist die Schlacht auf dem
Lechfeld dargestellt. Der Hl. Ulrich wird
volkstümlich als Patron gegen die Ratten-
und Mäuseplage sowie als Wetterherr
und Pestpatron angerufen. Besonders beliebt war im 17./18. Jahrhundert auch die
Form des Caravaca-Kreuzes. Das originale
Vorbild wurde ursprünglich in Caravaca
(Spanien) aufbewahrt und enthielt einen
der größten, heute allerdings verlorenen
Partikel des wahren Kreuzes Christi. Es
besitzt die Form des Patriarchenkreuzes
mit zwei Querbalken und ist besonders
gekennzeichnet durch sechs kleeblattför-
mige Balkenenden. Für seine Verbreitung
in Deutschland hatten die Jesuiten gesorgt. Eine Funktion schrieb man ihm in
der volkstümlichen Vorstellung v. a. als
Wetterschutz zu, eine Rolle sollte es auch
bei der Vernichtung von Ungeziefer, gegen Seenot und in Sturm und Gewitter
spielen.
Das Scheyrer Kreuz wird seit dem 12. Jahrhundert im Scheyrer Kloster, dem Stamm-
schloß der Wittelsbacher verehrt. Sein
Charakteristikum ist eine kleine kegelför-

Abb. 57 Kreuz-Anhänger in der unterschiedlichsten Form bildeten den Abschluß der Rosenkränze. Links oben Caravaca-Kreuz, rechts oben
Scheyrer Kreuz, rechts unten Ulrichskreuz.
Archäologische Staatssammlung München.

mige Aufstecktülle am unteren Ende, das
auch in den kleinsten Nachbildungen immer genaustens wiedergegeben wird. Diesem kleinen »Becherchen« kam im Volksglauben besondere Wirksamkeit und
Aulettwertigkeit zu. Das Scheyrer Kreuz
schützt v. a. vor Blitz und Feuer und be-

wahrt die Feldfrüchte vor Hagel und Ungeziefer.

Geheimnisvolle Brieferl

In einigen Gräbern auf der Insel Wörth
wurden Gegenstände gefunden, die
wohl zu einem Amulett gehörten, das
hauptsächlich im Altbayern des 18. Jahrhunderts gebraucht wurde. Die sog.
»Breverl« (von Brief) waren kleine Stoff-
säckchen aus Brokat oder Seide unterschiedlichster Form, die an den Rändern
gut vernäht und mit Gold- und Silberbor-

Abb. 58 Breverl aus der Umgebung von Murnau, 19. Jahrhundert, Privatbesitz.

ten verziert waren (Abb. 58). Sie wurden an einem Kettchen um den Hals getragen und enthielten eine ganze Anzahl von Amuletten, die gegen alle schädlichen Einflüsse, die den Menschen im Alltag bedrohten, helfen sollten. Hauptbestandteil der Breverl war ein zusammengefalteter Zettel mit Heiligenbildern, Gebeten und Segen. Daneben konnten sich noch weitere Gegenstände in einem Breverl befin-

den. Häufig sind Kräuter und Samen, denen eine Wirkung im Volksglauben zugeschrieben wurde: Sewen- oder Sadebaum (Abortivum, gegen Hexen), Steinsamen (gegen Verzauberung), Widertonmoos (Hexenschutz, Liebeszauber), Strohblume (für leichte Entbindung, gegen Zahnschmerzen), Weidenkätzchen (Abwehrmittel gegen Hagelschlag und Feuer), Flechte (?). Gewöhnlich ist in Breverln auch ein Stückchen von rotem Filz zu finden (Abb. 59), wobei die Farbe Rot als Schreckfarbe gegen ansteckende Krankheiten und He-

Abb. 59 Neben Gebetszetteln befanden sich noch zahlreiche andere Objekte in den Breverln, die nur in Notzeiten geöffnet werden durften. Breverl wie Abb. 58.

xen anzusehen ist. Wichtiger Bestandteil der Breverl waren auch kleine Schabfiguren aus Ton, häufig in Gestalt der Muttergottes von Altötting, von denen im Fall einer Erkrankung feiner Staub abgeschabt und verschluckt wurde. Von all diesen und noch weiteren andernorts nachgewiesenen Inhalten von Breverln aus orga-

nischem Material bleibt bei aus Gräbern geborgenen Exemplaren natürlich nichts übrig. Im Erdboden überstehen normalerweise ja nur die Gegenstände, die aus nicht verrottbarem Material sind, die Jahrhunderte und Jahrtausende. Deshalb kennen wir von den Breverlinhalten von der Insel Wörth nur die Gegenstände aus Metall, Ton oder Knochen (Abb. 60).

Die Pfarrer vom Staffelsee

Von den über 400 geborgenen Bestattungen waren nur sechs Stück »falsch orien-

Abb. 60 Von einem Breverlinhalt überstehen im Boden nur die Objekte aus nicht-organischem Material die Jahrhunderte: Insel Wörth, Grab 6. Archäologische Staatssammlung München.

tiert«, d. h. sie lagen nicht wie die anderen mit dem Kopf nach Westen, sondern nach Osten. Am Tag ihrer Wiederauferstehung würde ihr erster Blick somit nicht auf den Altar, sondern auf die gesamte übrige Gemeinde fallen. Da es sich bei allen diesen sechs Gräbern um die Bestattung von Männern handelt, die noch dazu im Inneren der Pfarrkirche angelegt worden waren, liegt es nahe, in diesen Toten

die Pfarrer vom Staffelsee zu vermuten. Bei einem dieser Gräber, das im Vorhaus der Pfarrkirche geborgen wurde, befand sich auf dem Haupt des Verstorbenen eine gut erhaltene Totenkrone (Abb. 61), die einzige von mindestens vier weiteren Exemplaren aus dem Friedhof auf der Insel Wörth, die bislang restauriert werden konnte. Um einen Holzreif, der in etwa wie ein heutiger Haarreif aussah, waren vier Ranken wie Girlanden gewickelt worden. Diese Ranken bestehen aus filigranem Silber und versilbertem Kupferdraht und ahmten im originalen Zustand Blütenranken nach. Im ursprünglichen Zu-

Abb. 61 Einigen unverheiratet Verstorbenen setzte man beim Begräbnis einen Totenkranz aus filigranen Kupfer- und Silberdrahtgebinden auf.

stand muß man sich diese Blüten mit farbigem Stoff oder Papier bezogen vorstellen, Materialien, die sich im Erdboden natürlich nicht erhalten. Kronen oder Kränze aus echten oder künstlichen Blumen setzte man ledig Verstorbenen seit dem 17. Jahrhundert auf das Haupt oder auf den Sarg. Mit Totenkränzen wurden auch die Nonnen versehen, ein Brauch, der sich bei den Karmeliterinnen bis heute erhalten hat. Priestern folgte gelegentlich die Primizkrone mit ins Grab, die aber meist ein eindeutiges eucharistisches Bildprogramm aufweist. Die Totenkronen von der Insel Wörth wurden – bis

auf das Exemplar aus dem Priestergrab – in den Gräbern jung Verstorbener gefunden.

Streut Rosmarin ...!

Obwohl sich an der Totenkrone von Seehausen keine Stoff- oder Papierreste erhalten haben, lassen sich doch die Blüten und Blätter von einer in Kupfer- und Silberdraht nachgeahmten Pflanze erkennen. Es handelt sich dabei um *rosmarinus officinalis* (Abb. 62), einen Lippenblütler aus dem Mittelmeerraum, der bereits im unter Karl dem Großen entstandenen *capitulare de villis* erwähnt wird. Früher auch zu Parfüm verarbeitet, wird der Rosmarin heutzutage hauptsächlich als Gewürz zum Kochen verwendet und fehlt in kaum einem Bauerngarten Oberbayerns. Im Volksglauben kommt dem Rosmarin

Abb. 62 Rosmarin ist gut fürs Gedächtnis!

eine Rolle sowohl bei der Hochzeit als auch im Todesfall zu. Diese zunächst ungewöhnlich wirkende Kombination erklärt sich daraus, daß der Rosmarin als Heilmittel gegen die Vergeßlichkeit und somit als Symbol für die Treue angesehen wird. Der vielleicht älteste, aber sicherlich prominenteste literarische Beleg für diese Bedeutung des Rosmarins im Volksglauben findet sich bei William Shakespeare (1564–1616), in der sog. »Wahnsinnsszene« der Ophelia: Hamlet, 4. Akt, 6. Szene:»...there's rosemary, that's for rememberance...«. Den Zuschauern des 1601 uraufgeführten Hamlet war somit bekannt, daß Rosmarin eine positive Wirkung auf das Erinnerungsvermögen hat. In dem 1595 uraufgeführten Shakespeare-Drama»Romeo und Julia« findet sich dann ein ganz deutlicher Hinweis auf den Gebrauch des Rosmarin im Bestattungszeremoniell. Man findet im 4. Akt, 5. Szene den Körper der tot geglaubten Julia: Fra Lorenzo:»...Dry up your tears and stick your rosemary on this fair corse...« (=»...Hemmet eure Tränen, streut Rosmarin auf diese schöne Leich'...«). Die unverheiratet verstorbene Julia wird mit ihrem Brautstaat bekleidet, mit Rosmarin bestreut und zur Kirche getragen. Der Rosmarin als die symbolische Blume für Hochzeiten wird bei uns erst im 20. Jahrhundert von der Myrte abgelöst. Sein – symbolisches – Vorkommen in der Totenkrone eines Pfarrers des 18. Jahrhunderts sollte wohl auch dafür sorgen, daß dieser Mann nicht der Vergessenheit anheimfällt. Unsere Ausgrabungen auf der Insel Wörth im Staffelsee haben hoffentlich auch hierzu ein wenig beigetragen!

Anhang

Abbildungsnachweis

Umschlag, Abb. 2, 5–13, 18–24, 30, 31, 34, 37, 40, 41, 45, 49, 51–53, 56, 57, 60–62: Verf.

Abb. 1: S. Hirschberger.

Abb. 3: Bayerisches Hauptstaatsarchiv (PlS 20032).

Abb. 4: G. Matzke.

Abb. 14: nach Bayer. Vorgeschichtsbl. 30, 1965, S. 251, Abb.1,2.

Abb. 15–17, 27–29, 32, 33, 36, 46, 48, 54, 55, 58, 59, 61: M. Eberlein (Archäologische Staatssammlung München – Museum für Vor- und Frühgeschichte).

Abb. 19: nach J. Garbsch, Der Moosberg bei Murnau. Veröffentl. Komm. z. archäolog.

Erforsch. d. spätröm. Raetien bei der Bayer. Akad. der Wissensch. Bd. 6. München 1966, Beil. 2.

Abb. 25–26: Verf. unter Verwendung einer Vorlage von W. Hölzl.

Abb. 35, 42, 44: R. Gebhard.

Abb. 5 und 38: O. Braasch (Bayerisches Landesamt für Denkmalpflege).

Abb. 43: Bayerische Staatsbibliothek Clm 22053, fol. 65v f.

Abb. 47: Bayerisches Nationalmuseum.

Abb. 50: nach J. Fried (Hrsg.), 794 – Karl der Große in Frankfurt am Main. Sigmaringen 1994, S. 167.

Weiterführende Literatur

Rund um den Staffelsee

G. Ritz, Hinterglasmalerei. München 1972.

M. Dingler, Das Murnauer Moos. München 1941.

H. Gebhart, Staffelsee-Chronik. Murnau 1931.

Der Blaue Reiter, hrsg. v. W. Kandinsky und F. Marc. Dokumentarische Neuausgabe von K. Lankheit. München 1965.

G. Kleine, Gabriele Münter und Wassily Kandinsky. Frankfurt 1990.

E. Tworek-Müller (Hrsg.), Horváth und Murnau 1924–1933. Murnau 1988.

Was geschrieben steht

H. J. Eggers, Einführung in die Vorgeschichte. München, 3. Auflage 1986.

A. Kraus, Geschichte Bayerns. München 1983.

K. Hausberger u. B. Hubensteiner, Bayerische Kirchengeschichte. München, 2. Auflage 1987.

E. Boshof u. H. Wolff, Das Christentum im bairischen Raum. Passauer Historische Forschungen Bd. 8. Köln, Weimar, Wien 1994.

Aus heidnischer Vorzeit

H. Koschik, Die Bronzezeit im südwestlichen Oberbayern. Materialhefte zur bayerischen Vorgeschichte Reihe A 50. München 1981.

H. Dannheimer u. R. Gebhard (Hrsg.), Das keltische Jahrtausend. Ausstellungskat. Prähist. Staatssammlung 23, München und Mainz 1993.

J. Garbsch, Der Moosberg bei Murnau. Veröffentl. Komm. z. archäolog. Erforsch. d. spätröm. Raetien bei der Bayer. Akad. der Wissensch. Bd. 6. München 1966.

W. Czysz, K. Dietz, Th. Fischer u. H.-J. Kellner Die Römer in Bayern. Stuttgart 1995.

Th. Fischer, Die Römer in Deutschland. Stuttgart 1999.

Zur Zeit der ersten Bajuwaren

H. Dannheimer u. H. Dopsch (Hrsg.), Die Bajuwaren. München 1988.

H. Dannheimer, Auf den Spuren der Bajuwaren. Pfaffenhofen 1987.

W. Menghin, Frühgeschichte Bayerns. Stuttgart 1990.

Das Kloster der Karolingerzeit

F. Prinz, Frühes Mönchtum im Frankenreich. Darmstadt, 2. Auflage 1988.

J. Bühler, Klosterleben im Mittelalter. Frankfurt 1989.

P. Hawel, Das Mönchtum im Abendland. Freiburg 1993.

Die Pfarrkirche im Staffelsee und ihr Friedhof

N. Gockerell, Bilder und Zeichen der Frömmigkeit. Sammlung Rudolf Kriss. München 1995.

L. Kriss-Rettenbeck, Bilder und Zeichen religiösen Volksglaubens. München, 2. Auflage 1972.

D. Höllhuber u. W. Kaul, Wallfahrt und Volksfrömmigkeit in Bayern. Nürnberg 1987.

S. Metken (Hrsg.), Die letzte Reise. Sterben, Tod und Trauersitten in Oberbayern. München 1984.

Hinweise für Touristen

Verkehrsanbindung

Der Staffelsee ist seit der Vorzeit gut an ein überregionales Verkehrsnetz angebunden. Am leichtesten erreichbar ist er per PKW auf der Autobahn A 95 (E 6) München – Garmisch-Partenkirchen, Ausfahrt 9 (Sindelsdorf) oder 10 (Murnau/Kochel). Parkplätze (gegen Gebühr) stehen in Seehausen am See-Ufer zur Verfügung. Züge verkehren im Stundentakt zwischen der bayerischen Landeshauptstadt und Murnau.

Unterkunft, Verpflegung, Reisezeit

Als Ausgangspunkt für einen Aufenthalt am Staffelsee bietet sich der Ort Seehausen an. Zu Übernachtungsmöglichkeiten informiert sie das örtliche Fremdenverkehrsamt (Verkehrsbüro Seehausen, Johannisstraße 8, 82418 Seehausen. Tel. 08841/3550 und 616913, Fax 08841/4231 und 616911. Internet: http://www.staffelsee.de). An Einkehrmöglichkeiten seien folgende Gaststätten in Seehausen empfohlen:

Fischer-Stüberl (direkt am See): Johannisstr. 18. Zum Stern (an der Kirche): Dorfstraße 2, Tel. 08841/3304, Fax 08841/9423, Mittwoch Ruhetag
Sonne (an der Straße zwischen Murnau und Seehausen): Bahnhofstr. 22, Tel. 08841/9169, Fax 08841/49769.

Besuch der Insel Wörth

Die Grabungsflächen auf dem Kirchenhügel der Insel Wörth wurden wieder zugeschüttet, die Gemeinde Seehausen wird in der nächsten Zeit dort einen archäologischen Park einrichten (Informationen beim Verkehrsbüro), wo man sich vor Ort über die wichtigsten Ergebnisse der Grabung informieren kann. Die Insel Wörth wird nicht von dem auf dem Staffelsee verkehrenden Linienschiff angefahren, mit dem man in den Monaten Mai–Oktober eine Rundfahrt auf dem See unternehmen kann (Sonderfahrten sind möglich, Information unter Tel. Nr. 08841/1080 bzw. http://members.gaponline.de/ms-seehausen). Bei einem Bootsverleih in Seehausen kann man sich in den Sommermonaten ein Ruder-, Tret- oder Elektroboot ausleihen. Die Kapelle auf der Insel Wörth ist generell verschlossen, eine Besichtigung ist nur dann möglich, wenn man sich – gegen Hinterlegung eines amtlichen Ausweises – den Schlüssel im Pfarramt Seehausen (an der Kirche) ausleiht. Auf der Insel Wörth wird die Gemeinde Seehausen eine Anlegestelle für Besucher einrichten. Bitte benutzen sie bei einem Besuch der Insel nicht den Anlegesteg im Bereich des Gutshofes. Die Verfasserin bittet auch sehr herzlich darum, die Privatsphäre der heutigen Inselbewohner zu respektieren. Bitte nehmen Sie auch Rücksicht auf die Pflanzenwelt und landen Sie mit dem Boot nicht im Schilfbereich der Insel an. In diesem Zusammenhang wird auch darauf hingewiesen, daß ein Teil des Staffelsee-Rundweges durch Naturschutzgebiet führt, der auf keinen Fall mit Fahrrädern oder Mountainbikes befahren werden soll. Spezielle Radwanderkarten erhalten sie beim örtlichen Fremdenverkehrsamt.

Museen

Die wichtigsten Fundstücke der Ausgrabungen werden im neu eingerichteten Heimatmuseum von Seehausen (Dorfstraße 3, Öffnungszeiten standen bei Manuskriptabgabe noch nicht fest, bitte beim Fremdenverkehrsamt erfragen!) zu besichtigen sein. Neben der vor- und frühgeschichtlichen Abteilung findet man hier auch

eine Ausstellung über Seehausener Hinterglasmalerei und örtliches Handwerk.

Zur Besichtigung empfohlen seien auch folgende weitere Museen in der nächsten Umgebung: Schloßmuseum des Marktes Murnau, Schloßhof 4-5, 82418 Murnau, Tel. 08841/476 207, geöffnet Di–So 10–17 Uhr, zusätzlich von Juli–September am Samstag und Sonntag 17–18 Uhr.

Münterhaus, Kottmüllerallee 6, 82418 Murnau, geöffnet Di–So, 14–17 Uhr, Gruppen nach Sondervereinbarung.

Franz-Marc-Museum, Herzogstandweg 43, 82431 Kochel am See, Tel. 08851/7114, 9212-28 (Franz-Marc-Stiftung) und -338 (Verkehrsamt), Fax 08851/5588, geöffnet April–Oktober und 25. Dezember–15. Januar Di–So 14–18 Uhr.

Freilichtmuseum des Bezirks Oberbayern, An der Glentleiten 4, 82439 Großweil, Tel. 08851/185-0 (Verwaltung) und -10 (Kasse), Fax 08851/18511, geöffnet April–Oktober, Di–So 9–18 Uhr. Hinweise auf aktuelle Öffnungszeiten und Sonderausstellungen unter http://www.museen-in-bayern.de. Über weitere Ausflugsmöglichkeiten (z. B. Benediktbeuern, Ettal, Linderhof, Wieskirche etc.) informiert das Verkehrsbüro Seehausen.

Tiefergehende Informationen über die Vor- und Frühgeschichte Bayerns erhalten Sie bei einem Besuch der Archäologischen Staatssammlung München und ihrer zwölf Zweigmuseen.

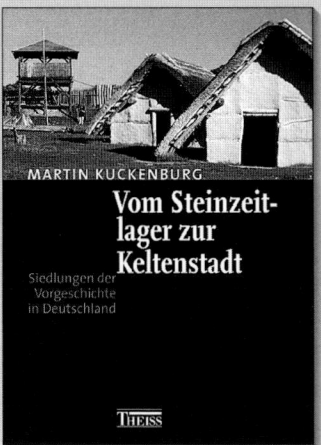

Das archäologische Jahr in Bayern

DAS
ARCHÄOLOGISCHE
JAHR
IN BAYERN
1999

THEISS

Das archäologische Jahr in Bayern 1999

160 Seiten mit 140
teils farbigen Abbildungen

*Weitere lieferbare
Bände:*

Jahrbuch 1994
208 Seiten

Jahrbuch 1995
203 Seiten

Jahrbuch 1996
202 Seiten

Jahrbuch 1997
204 Seiten

Jahrbuch 1998
200 Seiten

Herausgegeben vom
Bayerischen Landesamt für Denkmalpflege und der
Gesellschaft für
Archäologie in
Bayern

Kurz und informativ, verständlich und übersichtlich
aus erster Hand ist in diesen
Bänden umfassend zusammengetragen, was an neuen Ergebnissen und Erkenntnissen zur
Landesarchäologie erarbeitet
werden konnte.
Bewahren und informieren ist
eine wesentliche Aufgabe der
Landesarchäologie.
»Das archäologische Jahr in
Bayern« trägt zur Vermittlung
von Geschichtskenntnissen und
Bildung von Geschichtsbewusstsein bei. Insbesondere geht es
darum, den Sinn für den Urkundencharakter der archäologischen Quellen zu schärfen, der
leider noch viel zu oft verkannt
wird.

THEISS